Idea man

Idea man

Idea man

Idea man

記憶的技術

日本司法補習界王牌講師，親自傳授獨門記憶法，

你也可以練出過目不忘的絕佳記憶力！

伊藤塾補習班負責人 伊藤真——著

陳美瑛——譯

記 憶 す る 技 術

推薦　解決多數人記憶困擾的記憶術指南

從小你一定常聽老師說：「這個畫線，背起來！」華人教育文化特別看重記憶能力，卻鮮少著墨於記憶方法的傳授，多數人為了解決眼前考試，被迫落入強記硬背。

我從事外語教育二十年，作者投入律師考試、公務人員考試訓練課程十七年，外語和律師考試都是相當考驗記憶能力的科目，本書所提供的記憶技巧，正好印證了「用對方法，各領域皆通用」這個原則。

綜合我對二十年來教過數千位學生的觀察，關於記憶最常見的三大困擾／迷思，本書都提供了精準的解方。

一、資訊太多記不完：

記憶高手並非天資過人過目不忘，而是他們善於快速判斷何者該記、何者該果斷捨棄，因此無需太費力也能記住所需內容。

以外語學習來說，「單字太多記不完」是普遍的煩惱。的確，無論外語能力多強大，單字都沒有記完的一天，被考試綁架多年的我們，總以為書本上出現的就都得記下，其實人的記憶量有限，什麼單字都想記的結果，就是看到外國人仍是一片空白，就像你的東西如果都不斷捨離塞滿房間，到最後就是什麼都找不到一樣。

重點不在多能記憶，而是多敢捨棄。

二、記沒多久一直忘：

你鐵定有一些小時候做過的事、去過的地方，到現在過了幾十年仍歷歷在目，為什麼我們會記得幾十年前的小事，卻記不住昨天才辛苦背過的資訊？

三個因素：感官、情緒和時空。

用手寫過＋用嘴巴講過＋用眼睛看過＋用耳朵聽別人口中講出來過的知識，一定比單純在課本上讀過的更容易被記住。

在特別緊張、興奮、悲傷的情緒之下發生過的事，一定比單純在書桌前讀過的知識更容易被記住。

要記得英文課本中的十個零散單字，一定很容易忘，但如果應用書中所提的「記憶宮殿」技巧，將十個單字放入家中十個空間，用畫面搭配記憶，真的就不太容易忘。

你不是天生記憶力差，你只是記憶潛力還深藏在體內，尚未被開發。如何開發？本書詳細說明從日常生活鍛鍊記憶肌肉的方法。

三、時間太少不夠記：

有沒有去自助餐吃到飽，為了回本就吃了平常兩三倍量，之後消化不良的經驗？有些事情就是不適合一次做完，慢慢來比較快。

少量多餐的記憶效果，絕對強過一次吃到飽。本書介紹的「印度記憶法」，以及我平時常和學生推廣的「每天三個十分鐘練習法」，皆是強調養成每天定時少量複習的習慣，每天要反覆多次，的確比較考驗學習者的勤勞程度，但其實能克服這一點，最後反而能學得更輕鬆。

重點不在單次記多少，而是最後累積能記住多少。

與市面上其他記憶類書籍不同的是，本書不僅談表層的記憶技術，解決考試工作等任務，還將記憶的視野提升一個層次，深化探討改變記憶、刪除記憶、創造記憶，利用記憶能力連結創新版本人生。

人的一生都需要記憶，花一本書的時間，研究高效省力的記憶，絕對是高投資報酬率的投資。

多語教學專家

游皓雲

前　言　記憶力是能夠鍛鍊的

為什麼年過六十，還是能夠通過司法考試？

因為記憶力是能夠鍛鍊的——姑且容我如此斷言。

很多人都說，一旦年紀大了，記憶力就會逐漸衰退，大不如前。但我不這麼認為。

早在十七年前，我便創立了補習班「伊藤塾」，專門協助學員考取律師資格或公務人員資格等等。每一年，伊藤塾都有許多學生通過司法考試、代書考試、行政書士考試以及公務員特考等各類資格考，而且當中有不少人是才準備短短一段時間便考取了。

以司法考試為例，大家都知道它的競爭相當激烈，必須記住大量資料並且加以靈活運用，才有可能過關。

然而，伊藤塾的學生當中，有超過六十歲才來上司法考試的課程，爾後通過考試的；也有人是從公司退休下來後才去念法律研究所，通過司法考試而成為律師的。

為什麼這些人會有這麼傑出的表現？

難道他們的記憶力比一般人來得強？

絕非如此。

記憶所需要的，既非聰明的頭腦，也不是年輕的身體，更不是特別的性格，而是「記憶的技巧」。

想要具備「記憶的技巧」一點兒也不難，不論是誰，都可以透過鍛鍊學會這些方法。

比方說，有效地讓印象更深刻、設法喚醒記憶，或是有意識地對於想要記住的事物抱持興趣等等。

只要知道這些訣竅，你就可以盡可能地提升自己的記憶能力。

經營補習班這麼多年，我指導過許許多多的學員，用過數不清的方法，不斷地修正、改進。在本書當中，我便是要為各位介紹自己多年來親身實踐的「記憶技巧」。

我認為，鍛鍊記憶力不只能使人頭腦更加清明，也會使生活態度更為積極，從而更能實踐自己的願望。

為什麼考試時可以翻閱《六法全書》，卻還是有人落榜？

在此我先強調一點，那就是——

我們之所以要學習「記憶的技巧」，是為了能夠「靈活運用」所記之事。

一提到記憶力，可能有些人認為就是「把內容全部背下來」。

然而，如果沒有深入理解，光是死記一些數字或事實，那麼一考完試很可能就全忘光了，我認為這樣的做法很沒有意義。

的確，有時我們是需要死背一些資料，不過能**對我們大有助益、人生中絕對不可或缺的，則是「靈活運用」知識的技巧**。

回頭來談日本的司法考試。考申論題時，考試中心會借給考生《六法全書》，供他們翻閱。

既然考試中可以翻查資料，照理說上榜應該輕而易舉啊。

但是大家都知道事實並非如此。

為什麼呢？

因為，如果無法靈活運用知識與資訊，就算你知道它們也沒有用。

我經常對補習班的學生說：「我呀，《六法全書》裡的條文一個也記不得，也沒有背過任何一條條文。」

不過讀者們可別誤會，雖然我認為沒有必要死背《六法全書》的條文，但是理解條文的內容、記住條文的重點以及它們所在的章節，我認為是有必要的。

而想要做到這點，就必須理解、記憶該條文的前後脈絡，以及所在位置與體系。

也就是說，倘若想要靈活使用零件，就得通盤了解箇中原理。

用比喻來說的話，就好比腦中有許多抽屜，而你隨時能從抽屜中取出需要的資訊加以運用。

各個抽屜分別貼上一號、二號等標籤。

例如，總共有五十個抽屜，這個記憶放進第一號抽屜、那個記憶放入五號抽屜，就像這樣的感覺。

至於為什麼要放入一號抽屜？為什麼要放入五號抽屜？那就要先掌握其中的邏輯關係才能夠判斷。

要思考這項資訊在整體當中處於哪個位置，建立它與整體之間的關聯。也就是說，建立一套體系並且分類、編號後，輸入的資訊才能夠放進抽屜裡保管。

為什麼有些人會忘記重要的事情？

或許可以說，是因為他不懂得能幫助他靈活運用知識的記憶技巧。

如今資訊氾濫，現代人並非大腦擁有大量「抽屜」就足夠了，最重要的，是能夠適當地拉開有用的抽屜。

一旦你的腦袋中歸納整理的抽屜越多，取用資料就越容易。

這麼做的話，這些資訊就成為供你活用的知識了。

控制「記憶」，人生會更幸福

記憶力不僅在念書或工作時非常重要，更可說是日常生活中的每一個時刻，也就是生存的每一刻都需要用到的能力。

打從我們小時候學習「一定要吃這個東西」，或是「吃了這個就會中毒」等事情開始，乃至於學會站起來走路等身體記住各項動作，這些都是在累積記憶。

就連人類文明得以發展至今，也是因為人類記憶語言之後學會溝通，再進一步巧妙地將記住的資訊排列組合、產生新事物而成的。創造、發展更不用說了，最根本的「生存」，都是拜不斷地累積記憶所賜。

因此可以說，人類的生存本身就與記憶息息相關。

仔細想想，我們在日常生活中的一切言行舉止，不都是所累積的記憶之呈現嗎？

一個人可能從他的記憶庫中選出什麼樣的行為模式，就會表現為他的人品、性格或者個性。

某人的風格，可以說就是其記憶的積累。行動時表現出的風格等等，說來都只不過是重現過去的記憶罷了。

如果所謂記憶就是一個人本身，把人視為記憶所逐步累積的成品的話，那麼，一個人記憶了些什麼、如何將它們取出使用等等，就決定了這個人的一生會是如何。

舉例來說，**假設某個人考試不幸落榜，但是如果他能夠把這件事視為是對自己有意義的事，從中學習，那麼這件事就會成為他的正面記憶。**簡言之，倘若你將感受到或者見到的事物賦予積極的意義，那麼，你的大腦對這些事物就會留下好的記憶。

像這樣「控制記憶」，長此以往就能夠改變自己。

就算你過去一直無法肯定自己，但是只要從現在開始設法控制記憶、正面看待事情，那麼長久下來你就會跟著改變，你的將來也可能因而改觀。

所謂「記憶的技巧」，並非只是教你如何記憶大量資訊。

記憶的技巧是用來取出知識與資訊並且靈活運用的。懂得這些技巧，我們將可望提升境遇，讓自己變得更加幸福。

希望各位都能夠學會記憶的技巧，為自己帶來幸福的人生。

第1章　學習時大腦的記憶機制

第2章 幫助記憶的具體方法

第3章

平日怎麼訓練自己的記憶力

第4章 記性好的人與記性差的人

第5章

記憶會改變你的人生

第1章

學習時大腦的記憶機制

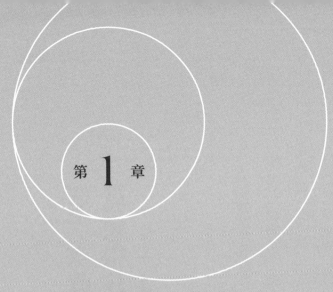

能次次改變「關注的重點」，就耐得住重複做同一件事

在我辦的補習班伊藤塾裡，有各式各樣的學生，當中有的重複聽了我的同一門課三、四次，甚至有人相同的課程聽了十次，但也有的人只上過短期課程就通過司法考試。

這些學生的共通點在於，每次上課時，他們都以全新的關注力、嶄新的心情聆聽已經上過的內容。

或許有人認為，同樣的事物能夠不厭其煩地重複好幾次，是很理所當然的，但實際上有許多人做不到。而這種能力，可以說正是記憶技巧的奧祕。如

果能對學習的對象抱持強烈興趣，每回接觸時都改變「關注的重點」，那麼就能夠持續學習下去。

我有一位朋友會上電影院看同一部電影好幾次。對此我總覺得不可思議，我問他：「同一部電影為什麼要特地去電影院看那麼多次呢？」

他解釋道，這是因為每次看電影時所享受到的樂趣都不一樣。第一次看電影時，他只是努力地跟上電影的情節，理解影片主要在講什麼而已；第二次看的時候，他則會特意把注意力放在主角的演技上；第三次他會留意配角的演技；第四次則關注導演所安排的細節或是後製的呈現；第五次看的時候，則著重於配樂或畫面切換等。由於每次看電影他所著重的重點都不同，所以總有新鮮的發現，感覺非常有趣。

這樣的想法若套用在念書上，不也是一樣嗎？

每回翻開課本時，只要改變大腦關注的重點，那麼同樣的內容無論看幾次，都會有新的發現。

更進一步來說，你關注之處或想要獲得的重點不同，每回吸收到的內容也會跟著不一樣。

人只會得到自己想要得到的資訊。

換句話說，我們會因為想追求的事物不一樣，而得到全然不同的資訊，而這會連帶地影響記憶，使我們所記得的事跟著有所不同。

舉例來說，今天上司所打的領帶是什麼花樣、今天碰面的人穿的服裝有哪些顏色等等，這類事情如果沒有特意花心思注意，應該不會記在腦中吧。

即使是像學習某件事情的基礎那樣，不斷重複做相同的事，只要每次「關注的重點」不同，那麼都會有新發現。

在旁人看來，可能會認為這個人總是能夠不厭其煩地「做同一件事」。不過對於有能力這麼做的當事人而言，其實每一次都是「新鮮的體驗」。

改變「關注的重點」，就能夠不厭膩地重複做一件事，這是極為簡單的道理，也可以說是記憶技巧的基本核心概念。

在接下來的章節裡，我將會說明鍛鍊記憶技巧的具體方法。

想要記住更多，得靠「乘法」而非「加法」

記憶事物時，不能死背硬記，一邊理解、一邊記憶才容易記得住。一邊理解、一邊記憶的話，記憶新事物才會感覺越來越輕鬆。這就是所謂「記憶的相乘效果」。

以準備司法考試為例，一開始確確實實地準備《憲法》的人，接下來念《民法》時就能夠非常順利地記住內容。接著準備《刑法》時，也會更容易將它的內容記到腦中。

同樣是準備《刑法》，與一開始就讀《刑法》的人相比，先讀過《憲法》、《民法》再準備《刑法》的人會理解得特別快，也更容易記住。

我再舉另一個例子。假設確實準備某個科目需要一整年的時間，考試需要考八個科目，簡單計算就知道準備八個科目需要耗費八年。然而，如果在第一年確實學習一個科目的話，念第二科就只需花費一半的精力，到了第三科甚至只需要第二科的一半精力就夠了。

剛開始讀第一科時很辛苦。然而，如果從第一科開始就確實準備，接下來就會進步神速，變得輕鬆不少。

為什麼呢？這是因為**準備第一科時，大腦不僅記憶該科目的內容，也記憶了「理解的方法」**。如此一來，準備第二科時，大腦就能夠運用前面已經花費時間、精力學到的理解方法，來應付第二科。

也就是說，如果你理解並且記住了一些資訊，由於已經記住是怎麼理解那些內容的，接下來接觸相關科目時，就容易融會貫通。有些人特別擅長語文，總是能夠接連不斷地學習好幾國的語言，其關鍵就在於他們已經記住了學習語文的方法。

「記憶的相乘效果」還包括另一種情況，就是記憶A與B兩件事情時，不是只單獨記憶A或單獨記憶B，而是將兩件事連結起來、加以理解。

這麼一來，會同時記住從A看B或從B看A的狀況，最後A、B、AB、BA等四件事都會記起來。總之就是「二乘二等於四」的效果。

像這樣建立各資訊之間的關係再理解，那麼你記住的資訊量會以「倍數」成長。研究大腦海馬迴的日本藥學博士池谷裕二在他的《增強記憶力》（記憶力を強くする，暫譯）一書中，便充分說明了這點。

如果你最初的記憶量是二，用了這樣的方法後會成長為四，接著變成八、十六、三十二、六十四，乃至一百二十八、二百五十六、五百一十二、一千零二十四，甚至一口氣成長到二千零四十八。最後將會達到天文數字，這時就達到天才的境界了。

記憶量可說是以「成倍」的速度增加，而不是以「累加」的速度提升。學習、重複記憶與理解的次數越多，倍數成長得越快。

學習一件新事物之初往往會覺得很辛苦，然而一旦曉得「記憶是以倍數增加」，我們就會提醒自己千萬不能輕易放棄，熬過這個階段，下一個階段就會輕鬆些了。

不斷努力的人會在某個時間點突然大幅進步，不只記憶力變好，理解能力也提升不少，接著便到達所謂天才的境界。正因為「累積」有這樣的效果，努力不懈才會這麼重要。

如果這道理成立的話，所謂的天才，可以說其實就是努力不懈、永不放棄的人啊！

試著在四十分鐘內，答完原本可以花一小時作答的題目

學習的過程中會遇到**停滯時期**，也就是**一直沒有進步的狀態**。

記憶某件事時，某種程度可以一口氣都記住，然而在那之後，卻會暫時出現停滯狀態。

我也曾實際感受到一旦做某件事的能力達到某種程度，就會暫時遇到撞牆期，沒有進步。

學習某種技術或知識時，一旦大腦記住了這項技術或知識，之後就能無意識地自動運作或重現記憶，使用筷子、騎腳踏車或是游泳等，都是很好的例

子。學習這些技術到某種程度後，人腦判斷已經不再需要有意識地做這些動作時，你就不會再進步了。

生活中可以想到許多類似的例子，比方說電腦的打字速度就是其中一項。

三十年前左右電腦剛推出市場時，最初我用的是日語的「假名輸入法」，因為我覺得這種輸入法比較快。

不過，後來使用羅馬拼音法的場合越來越多，於是我便改採「羅馬拼音輸入法」。我心想：「既然要改，就好好地練習吧。」我專心練習之後，打字速度越來越快，最後進步到不用看鍵盤就能夠打字。

然而，到達這樣的程度之後，我的打字速度就再也沒進步了。工作時我會使用電腦，累積下來應該已經打了不少字，然而直到現在，我都不覺得自己的打字速度變得更快。

根據這個經驗可以推測出：一旦我們的某種能力達到一定的水準，由於已經不再需要特意使用意識控制相關動作，所以大腦不用刻意活化，會自動地僅僅動動指頭。既然大腦不用活化，技能自然也就不會再進步，因此進入了所謂的學習停滯狀態。

那麼，倘若想要脫離停滯狀態，讓自己所學的技術更加精進的話，應該怎麼做呢？

某位心理學家曾針對各領域的頂尖高手進行研究，結果發現，這些高手都是有意識地脫離所謂的學習停滯狀態（參見喬許・佛爾〔Joshua Foer〕所著，《大腦這樣記憶，什麼都學得會》〔*Moonwalking with Einstein: The Art and Science of Remembering Everything*〕）。

花式溜冰的一流選手與一般選手練習時的不同作為，非常耐人尋味。

一流選手會把練習時間花在容易失敗的跳躍動作上。

然而，一般的選手則傾向於把時間用來磨練容易成功的跳躍動作。

由此可知，如果你想要進步，那麼最重要的是必須著重在自己失敗的地方，從失敗中學習、成長。無論讀書、學習技術或是增強記憶等等都一樣，

「改正失敗」才是進步的關鍵。

為了進步，如果你在某事上沒有失敗的經驗，甚至可以刻意製造失敗，據以改進。

比方說，我想要加快電腦打字的速度，這時我只要刻意地加快打字速度就可以了。打字速度一旦加快，自然會出錯，在哪兒出錯就表示手指頭在這幾個部分的動作還不夠熟練。那麼接下來，便可以針對打錯的部分加強練習，如此一來打字速度就會再次提升。

像我便建議補習班的學生透過「找出弱點的方法」，去釐清自己比較弱的地方，設法加強。

舉例來說，假設考試時有一個小時的時間寫完十道題目，那麼就試試看在四十分鐘之內答完。縮短作答時間，刻意造成自己焦慮。

這麼一來，作答就很有可能出錯。有允裕的時間作答時，原本可以寫完十題拿滿分，結果心情一緊張，只答對了八題。由此可以看出，答錯的那兩道題目就是你的弱點，那麼接下來只要再加強這兩題就可以了。

透過加重負擔，我們可以明顯看出「辦得到」與「辦不到」有什麼差別。

一旦加重負擔就緊張得凸搥，那就表示你對於那件事情的記憶還沒有深入到內化。

因此，倘若你想要加強自己的記憶力，可以故意增加負荷，讓自己處於焦慮時去記憶，然後再針對出錯的環節反覆練習。透過這樣的方式，就可以突破學習停滯的狀態。

失敗沒什麼好怕的，甚至可以說，失敗是珍貴的寶物呢。

一年教三百個人，我是怎麼記住十五年來所教的學生的？

我想，「記憶」也可以說是對於某事物「留下強烈的印象」。如果我們對某事物抱持興趣而留下深刻印象，那麼腦子自然記得住它。我們常說「某件事深深地印在腦子裡」，意思就是我們對這件事非常感興趣，印象非常深刻。

不是我自誇，我幾乎都還記得教過的學生長什麼樣子。補習班光是固定開班的課程，平均一年就有大約三百名學生。學生年年不同，然而這十五年來的所有學生我幾乎都還記得。

日前我在司法考試的考場偶遇了伊藤塾的四期生，也就是伊藤塾創立第二年，距今大約十五年前的學生。

「你是伊藤塾剛成立時來上過課的學生吧。」聽我這麼一說，對方一副不可置信的表情。

為什麼那麼久以前的學生我還記得呢？我想了想，應該是因為我對他懷有好奇心，會認真地與他交談的緣故吧。

我的課一堂三個小時，持續一年。有整整一年的時間，我上課時一直看著同一群學生的臉，腦中想著「這個學生總是坐在角落的位子」，或是「那個學生總是下班後急急地趕過來」等等，一個一個仔細地了解對方，真心誠意地關心對方並且與他們往來。結果，就算我忘記了學生的名字，也不會忘掉他們的臉，相當神奇。

如果你對一個人有強烈的興趣、關心這個人，那麼記住他就很容易。只要是自己喜歡的事，對於當中蘊含的細節都會記得一清二楚吧。

記不記得某人事物，我覺得完全取決於你對他（它）抱持著多大的興趣。

那麼，要怎麼做才會對一件事抱持高度興趣呢？以讀書來說，就是要不時提出疑問，比方說：「這可以實際運用在哪兒呢？」、「這是用來解決什麼問題的？」或是「這件事到底是怎麼發生的？」透過提問來促使自己思考事物間的關聯。

以司法考試為例則是：當自己成為律師、檢察官或是法官等經手實務時，就要隨時留心著：「這在什麼地方用得到？」或是提醒自己「這樣的工作會用得到，所以很重要」等等。當心態對了，對於眼前的事物就會相當關心，從而記住它們。

背英文單字時也是一樣，不要只是死記硬背單字，而要不斷地自問自答：「與人見面談話時，可以這樣用……」或是「這個單字是如何組成的呢？字首有『ex』，所以有『由內向外』的意思吧。」像這樣一個字一個字地分析，抱著高度興趣來記。

這麼做感覺好像很麻煩，不過其實這樣做我們才記得住，所以它反而是更有效率的做法。

就算一開始記得很快，如果馬上就忘記那也沒有意義。所以逐一慢慢分析，找出自己對哪兒感興趣，這麼做雖然比較耗時，但由於你會一邊思考、一邊將它記進腦袋裡，所以從結果來看，這麼做反而是捷徑。

在第二章，我將會詳細介紹使事物在腦中留下深刻印象的具體方法。

年紀大了，記憶力照樣頂呱呱，怎麼辦到的？

我在本書一開始就提到有人年過六十依舊通過司法考試。許多人認為，年輕人的頭腦比較靈活、比較能夠吸收知識等等。不過，以我教過那麼多學生的經驗來看，其實我覺得記憶力與年齡一點關係也沒有，只是不同的人、不同的年紀適合不一樣的記憶技巧罷了。

不光念書是如此。在日常生活中只要我們多用點心，就比較能夠記住事情。

其實已有腦科學的研究證實，大腦的神經細胞越是鍛鍊就越會增加。

有一位英國學者研究了在倫敦執業的計程車司機的大腦。倫敦市中心的道路非常複雜，據說全部記起來得花好幾年，不過資深的計程車司機再怎麼小的巷子都記得清清楚楚，能送乘客到達目的地。

這個英國學者檢查資深計程車司機的大腦後發現，他們的大腦比一般人要來得大，顯然神經細胞的數量比一般人還多。而且越是資深的計程車司機，大腦膨脹的程度就越大。

這個研究證明了什麼呢？那就是**腦神經細胞不會隨著年紀增長而減少，如果你加以鍛鍊，它反而會增生**。資深計程車司機每天開著車在倫敦市區內繞，記憶、複習複雜的大街小巷。可以推測，日積月累下來這麼做鍛鍊了他們的腦神經細胞，從而使其神經細胞數量增加了。

大腦越用就越活躍。若是鍛鍊大腦，那麼可以具體發現大腦越變越大，記憶的容量也隨之增加，因此我們要活到老、學到老，絕對不能因為年紀大了就放棄鍛鍊腦子。

我經常發現，學生當中具備年輕朝氣與感性，或是喜怒哀樂分明的人，記憶力比較好。

有的人感受較為強烈，接觸新事物時會驚奇地嚷道：「哇，是這樣啊！」「真是有趣！」，這一類的人對念書通常也會抱持類似的態度，從而記得較為清楚。

記憶分為兩種，分別是「知識記憶」與「經驗記憶」，或稱為「語意記憶」（Semantic Memory）與「情節記憶」（Episodic Memory）。

「知識記憶」指抽象的記憶，例如圓周率的數字、歷史年號、法律條文等，從教科書上學得的知識就屬於知識記憶。至於經驗記憶，則是個人實際經歷過，因而記住的事情。

我們普遍容易忘卻知識記憶，不過經驗記憶就不容易忘記，常見的例子如：

考試前我們死記硬背下來的內容，經常在考完試後便忘得一乾二淨。但是倘若我們跟誰有了過節，或是遭逢什麼打擊等，很多人是一輩子都忘不了。

因此，**倘若想把知識記憶保留下來，就要營造各種契機將知識記憶轉化為經驗記憶。**

例如親身到現場看一看、摸一摸。這麼一來，你會感覺自己像是真的經歷過那些事，因而將它們記憶在腦中。

我還會藉由變換文具來加強記憶。記憶知識時，同時記憶粗糙紙質的質感、尺寸或是文具的種類，這就如同將知識記憶化為經驗，製造回憶的抽屜一樣。

還有，自我教學時將課堂上學到的知識記憶轉變為經驗記憶，也很有用。例如，「那時我就是在電車上聽到這一部分而差點忘記下車」，這樣就很容易透過經驗回想起來。

總之，想要記住的事物越是抽象，就越要將它與經驗連結。能否將知識記憶轉換為經驗記憶，是能否記住一事的關鍵。

相較於知識記憶，經驗記憶更容易記住，也更容易回想。

這是因為隨著我們年紀越來越大，經驗也會越來越多。從這個角度來看，可以說年紀越大，記憶力更加豐富。此外，經驗越是豐富，能跟知識記憶連結的事情也就益發廣泛。光是這樣，知識記憶就能輕易轉化為經驗記憶，也就容易記得住了。

「年紀越大記憶力就越差」實在是大錯特錯。

設身處地且鉅細靡遺地「做白日夢」，能幫助你記住事情

我記憶案件的判例時，經常想像著：「如果我是這起事件的當事者，內心會怎麼想呢？」

兩造打官司時，通常各有各的說法與見解，而且處境與考量也不同。我會想像當事人一審敗訴時有多麼悲傷、悔恨或是憤怒，二審勝訴時多麼歡喜、開心等，宛如自己就在現場一般，想像那場面。

接著，我會想像在最高法院宣判前他們是如何地不安、緊張，以及判定他們無罪時，聲援者與被告歡欣的神情與眼淚，從自身噗通噗通緊張的心跳聲，

到微風吹過身邊的些微感受等等，清清楚楚地想像那樣的場景。這麼一來，我就會牢牢記住這個案件的流程與判例了。

前面我提到如果對某事印象深刻就不容易忘記，指的就是**將它們與「喜怒哀樂」的情緒連結，然後記在腦中。這樣你會好像也經歷過那些事情一樣，它們會成為你的經驗記憶，自然就不容易遺忘。**

有一位學生告訴過我，他念歷史時會站在當事者的立場，連同當時的感情一併記憶該歷史事件。

例如讀到明治維新時代，他就把自己當成西鄉隆盛，想像與勝海舟[1]初次見面時的情景。

他們是在什麼樣的房間裡見面？

對方抵達之前，自己是抱著什麼心情等待？

兩人見面之後談了哪些事？自己內心的想法又是什麼？

還有，後來的江戶城（現東京）開啟城門投降以避免流血衝突時，又是什麼樣的情況？像這樣發揮想像力，將情感融入歷史事件，就是我說的「做白日夢」。

這麼一來，幕府末期的歷史就會宛如你真實的經歷般，牢記在腦海中。

研讀歷史的演變過程時，也有人會利用漫畫或戲劇幫助自己輕鬆記憶，而不只是死背教材內容。因為漫畫或戲劇情節會喚醒各種情緒，使內容很容易就成為個人的經驗記憶。

倘若想更進一步地讓記憶烙印在腦中，就要徹底地成為故事的當事人，利用移情作用來幫助記憶。

這麼一來，你的記憶就因為加入了喜怒哀樂等各種情緒，而變得更加鮮明。

這時候，你所背誦的就不僅僅是歷史事件、人名或年號等，而是發生在你周遭的事，你的腦子裡會產生「勝海舟真有氣魄」、「光秀這傢伙實在是不可原諒」等蘊含情緒的記憶。

想把事情牢牢記住？那麼就**將自己投入這齣戲裡，化身當中的演員，盡情地做白日夢吧。**

注1：西鄉隆盛是日本明治維新的功臣，勝海舟為明治初期的政治家。

「壓力」是記憶力的天敵

如果開心地做白日夢，記憶會輕易地留在腦中。

當你對某人抱持好感，腦中就會對他留下深刻的印象。換句話說，如果你對某人不感興趣，那麼大腦就記不住與他相關的事情。

我在思考這類情形時，在前述的池谷裕二博士書中恰好讀到「壓力是記憶的天敵」這個觀念。

池谷博士認為，大腦感受到壓力時，記憶力就會變差，壓力一旦減輕，記憶力就會提升。

換句話說，如果記憶力提高，表示你承受的壓力受到抑制。相對的，如果你的記憶力變差，表示你的大腦感受到強大的壓力。

壓力與記憶力兩者可說是「互不相容」。

之所以會有這樣的情形，是因為我們一旦習慣了某種狀況，便不再覺得那是壓力，而這種「習慣壓力」的狀態，其實只不過是「大腦記住了已經習慣壓力的狀態」。

舉例來說，假設我們到新公司工作，或是轉學到新學校，最初的時候周遭都是不認識的人，這時我們會有什麼反應呢？肯定感覺壓力很大吧。

不過逐漸習慣新環境後，壓力就會慢慢減輕。明明新公司的同事或新班級的同學都是一樣，環境也沒有改變，感受到的壓力卻會減輕，為什麼？

因為大腦已經記住「對目前所處的環境沒有必要再感到壓力」，因而將壓力抑制下來。

讀到這樣的說明令我非常開心，因為我從中找到控制壓力，同時提升記憶力的科學方法。

假設我們感受到某種壓力，因而不斷地抱怨「真的是太累啦」、「實在撐不下去了」等等，總是動不動就感到厭惡，那麼不僅記憶力會變差，壓力也完全無法消除。

相反地，**如果有意識地提醒自己「我已經習慣（這個）壓力了」，將這個記憶植入腦中，那麼就能夠克服壓力。**而一旦壓力不見，記憶力就不會受到阻礙。

告訴自己，令你感覺壓力的這個環境已不再造成壓力，你已經習慣了。如此一來，你的大腦就會製造「已經習慣壓力」的記憶，進而壓抑壓力，使你感受不到。

這個方法也能夠應用在其他地方。

比方說，我們有些痛苦的回憶，每當回想起那些事情，便會產生不安、悲觀等負面情緒，這就成為壓力。

想要克服這種情形，就得完全相信那個回憶已經不再是壓力了。「過去我是有過很慘的遭遇，但那個經驗讓我學到了一些事，這對我而言是好事。」像這樣子，將負面記憶改寫為好的記憶。如果好的記憶能夠確實地固定下來，產生壓力的負面記憶就會消失，並且改寫為更好的正面記憶。

簡單地說，我們能主動地將壓力轉變為力量，有意識地控制壓力，讓自己感受不到它。

透過理解記憶的機制，加以善用，我們就能夠打造不會輕易被壓力打垮的大腦與記憶力。

無論如何就是記不住，原因究竟是什麼？

我有一位記憶力驚人的律師朋友。

不過他的記憶力雖說很強，卻不是發揮在法律領域，而是對於高中棒球比賽的分數倒背如流。「〇年〇〇高中與〇〇商專的那場比賽，第〇局是〇比〇，第〇局下半場分數是〇分。」他連這樣的細節都記得清清楚楚。

他不僅在補習班上課時是如此，後來當上律師之後也是一樣，依舊可以清楚地說出所有棒球賽事的詳細資訊。可以說，他在記憶高中棒球比賽細節一事上確實是天賦異稟。然而，他明明擁有如此驚人的記憶力，參加司法考試卻不是一試中第。

真正感興趣的事情自然會記得。以我這個朋友為例，可能他對於高中棒球比賽比對法律更感興趣吧。假如你因記性差而深感苦惱，有可能是你對於要記的事物不太感興趣的緣故。

這話或許不中聽，但應該是這樣沒錯。不管再怎麼用功仍記不住教材內容，那是因為對於該科不感興趣。工作表現得很好，但日常生活中卻老是忘東忘西的人，是因為沒有把重心放在生活上。

這沒什麼不好，我們不可能所有事情都記得一清二楚。倒不如說，健忘的人就是對於不在意的對象沒有留下任何記憶，或許你也可以說他們是能夠果決處理事情的人。

從這層意義來說，**如果遺忘的並不是什麼大不了的事情，忘掉也就算了。**

雖說記憶力不好，但也不用把這件事看得太重。要是你覺得自己很健忘，可以試著思考：「為什麼我會忘記？我忘記了什麼？」重新思考那些事情對你的意義。說不定你對於自己真正喜歡的事物，就像前述的高中棒球賽分數那樣，根本記得一清二楚呢。

所以，**如果你因為某種契機而對某件事產生興趣，那麼之後全神貫注在那件事情上就可以了。**

如果非得用功念書不可，但對於念書卻一點興趣都沒有，就試著從用功念書中努力找出能夠讓你產生興趣的要素，例如把歷史人物想成遊戲裡的人物，用這種方式來幫助記憶。喜歡看小說的人可以編造故事、改寫劇情，也可以藉由挑出喜歡的主題來輔助記憶。

做什麼事都應該努力，不過我覺得有時也必須提醒自己，那些想方設法依然記不住的事情是不適合自己的，忘掉了也好。

要更深入探討的話，加強記憶力以外的能力也有助於記憶。

念書的能力或工作上的實力都不是單單靠記憶力就足夠的。除了記憶力，還需要平衡感、直覺、想像力以及溝通能力等等。每個人都難免有不擅長的部分，這些事情可以憑藉著把握機會或善用他人的力量來達成。

就算記憶力差，也完全無須感到沮喪。就像前面提到的，正因為記憶力不好，所以會利用各種方式讓記憶刻印在腦海中，如此一來，也能夠培養記憶力以外的其他能力。

乍看下是缺點的事情，未必是缺點。

身處危機時，只要抓住機會並且積極邁進，那麼人生的大道自然會為你開啟。

第 2 章

幫助記憶的具體方法

記憶某事，從掌握「整體狀況」開始

每個人各有適合的「記憶技巧」。在本章中，我將介紹自己擅長的方法，以及對補習班學生非常有效的各種方法。希望讀者組合多種不同的做法，找出最適合自己的記憶技巧。

記憶某件事的時候，我個人最重視的，是首先要掌握「整體狀況」。

我在《夢想成真的學習法》（夢をかなえる勉強法，暫譯）這本書中曾經提過這個主張。**我在大學時代挑戰司法考試時，為了掌握整體狀況，所做的第**

一件事就是影印書本的目次。

為什麼呢？其實目次的功用就像是地圖，它能幫助你了解現在讀到哪裡，確認目前處於哪個位置。先記住目次所列出的論點與判例，掌握整體概況，再記住各個判例的重點。就像這樣，逐漸地深入細節。

以實際的心理感受來說，一開始先掌握整體概況會比較容易記得住。若是一下子就要記住所有細項，腦子的負荷太沉重了。所以若是大致上先了解整體概念，由於一開始記住的東西較少，就比較容易著手進行。

對於初次挑戰司法考試或是非法律科系出身的人，我通常會建議他們採用這個方法。

有的人受託發表長篇演說時，也是先從掌握「整體狀況」著手。思考演講內容時，首先要記住最主要的三項重點。先記住主幹後，再慢慢地記住較細的枝微末節。實際上，許多人受託發表演說時，應該都會以這樣的方式組合演說內容，然後再背起來記住腦子裡。

我在〈前言〉提過，想要靈活運用記憶的話，就要像是在抽屜上標示號碼一樣地整理與收納，再適時取出應用。這裡所說的抽屜號碼就相當於書的目次。

總之，目次的功用就猶如提醒我們「放到幾號的抽屜裡」。記憶事情時，如果像這樣先記住整體的大致狀況，就能預防誤入歧途而迷失方向。

複習的黃金時間是「一個小時之內」與「睡前五分鐘」

針對複習技巧，我教所有的伊藤塾學生兩個重要的關鍵，那就是：記憶的黃金時間是「一個小時之內」與「睡前五分鐘」。

記憶技巧上最要緊的重點就是「複習」。因此，我會希望學生在上完課之後務必做好複習的作業，而且盡量不要有空檔，越快複習越好。

我們想記住的事情多半會馬上忘記，那是因為人類大腦的設計本來就是為了遺忘。

各位聽過**德國心理學家赫爾曼・艾賓浩斯（Hermann Ebbinghaus）提出的**

「遺忘曲線」理論嗎？他做實驗得到以下結果：人在二十分鐘以後會忘記百分之四十二，記得百分之五十八。一小時之後會忘記百分之五十六，記得百分之四十四。一天之後會忘掉百分之七十三，一星期之後會忘掉百分之七十七，一個月以後會忘掉百分之七十九。

由於經過一個小時就會忘記一半以上，所以我建議我的學生**在下課之後，最慢得在「一小時之內」複習。**

一小時之內是指下課後一直到回家休息之前的這段時間，所以回到家吃晚飯或是悠閒泡澡之前，就要複習剛剛上課的內容。可以的話，回家途中在捷運或公車上複習更好，甚至一下課就直接在座位上複習，複習完後再離開補習班。

在伊藤塾中，學生上完課後留在教室複習是常有的事。這些學生當中，每年都會出現幾位上短期課程就順利上榜的學生。

大部分的人一上完課就會趕緊收拾東西離開教室，不過我總希望學生多花個二、三分鐘，留在座位上複習一下。只消短短二、三分鐘，把剛剛聽的課程內容畫一下重點或簡短做個筆記等等，就能夠在考試前輕鬆很多。

還有一個記憶要領就是，**每天睡覺前花五分鐘複習**。

我總是不厭其煩地提醒學生：「首先，希望你們每天睡前留個五分鐘複習。如果你持之以恆地這麼做，那麼一年之後的成果將會遠遠超出你的想像。」這三十年來我一直提醒學生花五分鐘複習有多重要。

每天，五分鐘，而且是睡前五分鐘。

很不可思議地，睡覺前記憶的內容會深深地刻印在腦海中。早晨起床後回想，你會發現昨天睡前的記憶非常鮮明。

腦科學也證明了這個說法。

人類在睡眠期間確實會整理記憶、固定記憶。大腦會在人睡覺時回憶醒著的時候發生的事，然後重現並加強記憶。可以說，夢境就是重現記憶的過程中產生的影像。

總之，**人會藉由睡覺讓記憶更加深刻地固定在腦中**。所以，睡前五分鐘回想一下重要的事情，讓記憶更加鮮明，這段記憶就會在睡眠中更確實地刻印在腦中。

希望各位務必培養出在記憶的黃金時段複習的習慣。

利用「印度方法」固定記憶

我繼續談複習這件事。如果定期地不斷複習，記憶就會固定下來，這時可以利用一個訣竅。

複習第一次的課程要在當次課程結束後就做。可以的話，盡量在上課後馬上進行。這我在前面已經提過。

第二次的課程結束後，要先複習第一次的課程內容，然後再複習第二次的上課內容。

第三次的課程結束後，就快速地複習第一次、第二次的上課內容，然後才複習第三次課程。

就像這樣，若是第二十堂課，那就在課程結束後，快速地複習第一次到第十九次的課程內容，然後才複習第二十堂課。

要領在於大略地複習先前學過的所有內容。若是經常這樣整個複習，不僅大腦各腦區會彼此連結，也會幫助記憶固定下來。

這個方式也可以應用在其他方面。例如背英文單字。倘若你打算一天背十個英文單字，那麼不應該是一天背十個，第二天也背十個，第三天還是背十個……。正確的做法是，第一天背十個單字，第二天先複習前一天所背的十個單字之後，再背今天的十個單字。第三天則要複習第一天和第二天所背的二十個單字，然後再背十個新的單字。

就像這樣，**經常複習先前背過的單字，再記誦新的單字。**

據說這種方法流傳已久。在印度，人們稱這個記憶法為「印度方法」（參見威廉・沃克・阿特金森〔William Walker Atkinson〕所著，《*Memory*

Culture》）。

印度教世界中，有一本詳細寫著印度教教義的經典《吠陀經》，教徒是藉由口耳相傳傳誦經典內容。他們就是利用上述方式確實地將《吠陀經》的教義刻印在腦海中的。

首先，他們先背誦經典中的第一句經文。確實記住第一句經文之後，再背誦第二句經文。這時，他們會先複習第一句經文，然後再背誦第二句經文。背誦第三句經文時，他們會先複習第一句、第二句經文，才背誦第三句經文。如此地背完整部經典。

要以口頭背誦龐大的經典內容並非易事，不過如果是一句一句、一邊複習一邊記憶，就能夠確實地記在腦中。這無疑是古時候的人們費盡心血研究出來的記憶技巧。

一邊少量地將內容刻印在腦中，一邊逐漸提升記憶量。透過這樣的方法，再怎麼龐大的內容，總有一天會全部記在腦中。

反覆從頭練習門檻較低，記憶的負擔比較小

我發現，其實自己早就自然而然地用印度方法學會了一些事，只是當下並沒有意識到。

我最近開始學習大提琴，正所謂「活到老、學到老」。背誦大提琴的琴譜時，我便是用印度方法來記憶的。

有一次，我輕率地想來練練〈巴哈無伴奏大提琴組曲第一號〉，結果傷透了腦筋。這個第一號前奏曲是由許多八分音符串連整曲，由於我想練習無譜彈奏，便以四小節為一個單位背誦琴譜，挑戰不看樂譜彈奏整首曲子。

我先是彈奏最開始的四小節，然後再練習接下來的四小節。練習第二個四小節前，我會先複習最開始的四小節。練習第三個四小節時，就先複習前面兩個四小節，再背誦新的四小節。

像這樣每次總是從頭彈起，最開始的部分就不知彈奏過多少遍了，所以能夠彈奏得很好。

這麼一來，無論是困難的指法或複雜的樂譜，不知不覺都在彈奏過程中記住了。連我這樣手拙的人，最後也能夠彈奏巴哈的曲子。

有的練習方法是從頭到尾先彈奏一遍，再不斷複習整首曲子。然而，若是用這種方法，一首曲子從開始到最後不知彈過幾遍，精神上會感到極大的壓力吧。

以我為例，我將整首曲子切割為許多四小節來記憶，一小段一小段地累積，而且總是從最開始的部分彈奏起。這麼做雖然比較耗費時間，但精神負擔較輕。以記憶來說，這樣做其實非常輕鬆。

透過印度方法，即便我這種大提琴的初學者也能夠記住樂譜。

把整體細分為許多小部分，一點一滴地記憶，不斷重複這樣做，再將整體組合起來。如果想要一次就記住全部，門檻太高了。但若將內容切割為許多小部分，就容易記得。

之後，不斷複習已記憶的部分，同時學習新進度。對於不擅長記憶的人來說，這堪稱「黃金記憶法」。

為什麼用彩色鉛筆做記號會比較容易記得？

我在前面提過，記憶就是「對事物留下強烈印象」。要使自己對於資料留下深刻印象，可以在做筆記時額外下些工夫。我不只親身實踐這些做法，也經常將它們推薦給學生。

以簽字筆在重點旁畫線，用不同顏色的原子筆、螢光筆等做筆記，像這樣利用顏色標出重點以幫助記憶的做法，相信大家都有過。

我經常利用不同顏色標示不同的重點。而相較於螢光筆，我更常使用彩色鉛筆做記號。

為什麼呢？因為螢光筆的墨水經常滲過紙張，而我又不擅長拿捏下筆的輕重；簽字筆的顏色濃淡是一樣的，反觀彩色鉛筆則能夠畫出濃淡。這麼一來，背誦當時自己感受程度的強弱，就會透過顏色的濃淡呈現出來。如果是一層又一層畫上濃厚的顏色，表示當時強烈意識到這兒有多重要。

每當我覺得某個部分很重要，就會用彩色鉛筆畫上一道又一道的線，或塗滿顏色等等，日後看到這樣的痕跡，記憶就會自動浮現。

一開始先用紅色畫框線，再以黃筆塗滿紅框內部。甚至再以紅筆一圈又一圈地畫框線，在黃色上面塗上紅色等等，像這樣利用各種顏色標示，回憶時就能夠連結內容與顏色，迅速記起。

你甚至可以從筆記用紙的大小、形狀、顏色或是質感下工夫。

觀賞圖畫時，除了畫作本身，選用什麼樣的畫框也會大大左右我們對畫的印象，選用厚重的木框及輕巧的壓克力框，圖畫給人的印象會大相逕庭。

紙張的尺寸與形狀就好比畫框，寫在什麼大小、什麼材質的紙張上，都是

記憶時的重要連結。你是將筆記快速而潦草地寫在活頁紙上呢？還是整理在B6的卡片上？或者是寫在小記事本裡？不論是哪一種，都要把記憶內容與寫在什麼樣的紙張上一併記在腦裡。

你也可以反向操作，把要記的內容特意寫在不同的紙張上來輔助記憶，例如寫在B6的卡片或活頁紙上，筆記本可以既用紙質粗糙的、也用紙張光滑的。總之，不要把記憶的內容全部寫在相同大小、紙質的筆記本上。

「那段內容我記得是寫在二十六孔的活頁紙上……」、「好像是寫在一大張紙上」，像這樣，故意用不同的紙做筆記，好加深印象或輔助記憶。

另一個加深記憶的方法，則是非常小心地慢慢書寫。

我平常寫字非常潦草，往往只有自己看得懂。**不過如果書寫的內容非常重要，一定得記住的話，建議各位刻意放慢寫字速度，一筆一劃地慢慢寫**。

記憶案例的重要宣判內容時，要像學寫字那樣一筆一劃地慢慢寫。這麼一來你的腦中就會留有印象：「那時我曾仔細寫下這案例的相關內容……」

另外，**使用與平常不同的筆來書寫，會留下更深刻的印象。**倘若你平常習慣用鋼筆、原子筆或鉛筆，這時就要換不同的筆來寫。

我有一位朋友說，若是怎麼也記不住時，他會用水性原子筆寫在紙上並且隨身攜帶，倘若這樣還不記得，他就會用油性奇異筆寫在手掌或手臂上。因為被別人看見會覺得很丟臉，所以很快就記住了。

改變文字的寫法也能輔助記憶。假設你平常寫的字比較圓潤，那麼遇到非得記住的重要事情時，可改用有稜有角的字體來書寫，或是用粗體字等等。

總之，要下點額外的工夫，設法將要記的事情刻印在腦中。記憶的連結越多，就能越快回想起來。

利用B6卡片，以「主題彙整法」輔助記憶

由於上述論點，我便購買了各種尺寸、顏色及觸感的筆記本，而不是只買同一種筆記本。

其中我用得最順手的，是B6大小的卡片紙。使用B6卡片針對某個論點（主題）整理內容，這個「論點彙整法」是我報考東京大學入學考試時想出來的。後來我參加司法考試時，這方法也幫了大忙。

「論點彙整法」怎麼做呢？就是**在卡片上寫下事先擬定的某個主題，然後**

不斷累積卡片，再一邊組合它們、一邊記憶上頭的內容。

過去我念日本史時就是使用這方法。例如我先擬定主題「女性地位的變遷」，再整理出各時代關於女性地位變遷的各項史實，將它們寫在卡片上，之後，便可以針對「女性地位的變遷」這個主題整理出完整的資料。

接著再決定另一個主題，例如「農民地位的改變」、「大眾文化的變遷」等，整理出完整的資料。這麼一來，往後就能藉各種主題綜觀古今。

用卡片整理資料的過程中，我就會大致記住史實。根據主題一邊整理、一邊不斷回溯歷史，最後重點自然就記在腦中了。

這個做法的要領在於要設定許多主題，這樣一來就不會只從單一角度吸收知識，而能夠從各個面向掌握它們。

倘若能做好這些準備，考試遇到申論題時，只要從B6卡片所條列的各項資訊選出幾個要素加以組合，就能非常流利地闡述你的觀點。

我以前參加大學入學考試時，由於申論題很多，這個方法特別有效。就算是司法考試的申論題，這個對策一樣效果極佳。

寫小抄有助整理思緒與資訊，讓你記得更牢靠

還有個與「主題彙整法」類似的技巧，就是「小抄記憶法」。這兩者的共同點是在整理資訊的過程中記憶其內容。

說來很不可思議，但只要你做小抄，小抄的內容就會留在你的腦海裡。

為什麼呢？因為做小抄時只能將重點整理在小紙張上，這使得你必須篩選出必要資訊，而且得清楚地整理才寫下，所以你便不知不覺記住了重點。

我曾經特意做過許多類似小抄的東西，好整理資料。結果由於整理資料、摘出重點、仔細謄寫等，自然而然將資料記在腦中了。

當然，我不曾在實際應考時使用這些小抄，但製作小抄這點子我覺得還不錯。只要做過一次你就知道，如果不理解內容，根本無法彙整資料做出小抄。

換言之，**做小抄雖說是製作輔助記憶的資料，但其實製作時你便開始累積記憶了**，因為一邊製作資料，大腦就同時在記憶了。

大多數的人都把做筆記與記憶內容分開看待，以為得先確實寫好輔助的筆記或資料，才能開始背誦或記憶。參加司法考試的考生中，不乏把整理重要判例內容（論證模式）與記憶看成兩回事的。其實這樣是不對的。

倘若你一直盯著某個已完成的成品看，腦中雖會有印象，但不一定有記憶。製作筆記或論證模式時，記憶就已開始輸入腦中了。正因為如此，費點心思找出製作些什麼來輔助記憶或加工資料等，是很重要的。

只是一股腦地死記已完成的成品是非常痛苦的。建議大家在單純背誦之前先製作資料，抱持著「一邊這麼做、一邊記憶」的心態，並且用心地給資料加工，例如思考怎麼做比較容易記住，或以顏色區分、製作索引等等，這都大有幫助。

利用圖、表或樹狀圖來歸納整理，是整理資訊時非常值得推薦的加工方法。

若是製作小抄，一定得讓人一看就懂，不是用小小的字詳細書寫就好。如果能夠輔以圖、表或是樹狀圖等，應該更容易記住資料，這點大家應該都能夠理解吧。

可以將它們記在筆記本或小記事本上。

能夠化為圖或表的文字資訊要盡量化為圖表。這麼做不僅容易記住，回想時也易於找到記憶的線索，例如「那個圖好像是畫在筆記本的左頁」、「A與B的共同點就是上面圈起來的部分」等等。

我整理筆記或是想更進一步依照主題彙整資料時，經常使用樹狀圖來輔助記憶。將主題或標題大大地寫在記事本中間，把相關事件寫在周圍並分別以線連結。連結越多，最後就會形成一棵樹或魚骨的形狀，所以樹狀圖也稱為魚骨圖。

善用這種圖特別容易記住資料，也有助於整理思緒。

我認為，光看小抄就能夠評斷這個人的能力。

全盲考生傳授的「耳朵記憶力」訓練法

前面介紹的大多是「用眼睛看的記憶法」，事實上我認為還有「用耳朵聽的記憶法」。

根據我的觀察，我的補習班學生大致可以分為兩種：**一種是「看」著書學習會比較容易理解，另一種則是「聽」老師上課說明比較容易理解**。各位可以評估看看自己屬於哪一種。

我會這麼認為是有理由的。因為伊藤塾曾經有全盲的考生來上課。

這名考生只能透過耳朵吸收資訊，雖然他也能夠利用點字來學習，但若是問他，他會說耳朵聽到的資訊比點字更容易記得住。

這名學生用耳朵聽課，也用耳朵聽教科書的內容。

伊藤塾的教材本來就已經全部轉為紙本，但也有軟體可將紙本教材轉為語音資料。這名全盲考生便是將所有資料轉到電腦裡，再以電腦播放出來，聽取教材內容。

這些教材的資料非常多，他只靠「聽」去記憶、將內容烙印在腦中，表示他的「耳朵記憶力」相當驚人。後來他順利通過司法考試，現在已是律師，在業界亦相當活躍。

聽覺是很容易記憶的感覺，越練就越強。認識這名學生之後，我更確定這想法沒錯。

我很喜歡古典音樂，寫到這兒突然想起全盲鋼琴家辻井伸行先生，他不也是只靠耳朵聽大量且複雜的曲子就背熟樂譜的嗎？

其實仔細想想，在沒有文字的時代，人類記憶的方法就只有聽覺而已。各種文化或技藝傳承，都是靠口耳相傳而延續下來的。現在世上某些地方仍存在著沒有文字的民族，他們依然是透過歌曲或口述來傳承文化、傳統或是歷史，並且利用「聽」來記憶。

就人的記憶而言，或許透過聽去記憶比較容易，記住的內容也比較容易想起來。我認為，鍛鍊聽覺的話，記憶力應該也會迅速提升。

我們應該更加注重怎麼藉由聽去記憶才對。

既運用「視覺」也運用「聽覺」，有助留下強烈印象

我們的五感中，為什麼視覺與聽覺容易與記憶連結呢？

前述的《增強記憶力》一書指出，五感中的「觸覺」、「味覺」與「嗅覺」都會直接刺激大腦，是「直接感覺」。然而，「視覺」與「聽覺」是先將光線或聲音變換之後，再將此印象傳遞到大腦，屬於「間接感覺」。

透過「直接感覺」傳達的訊息由於輸入過程單純，所以也容易遺忘，怎麼做都很難固定在記憶中。不過，「間接感覺」會在腦中先轉換為印象，由於經過了一道複雜的過程，所以便與知識活動連結，因而能夠深刻地記憶在腦中。

日後若遇到適當的機會，就能夠詳細地回想起來。

的確，氣味、味道或觸覺等刺激在我們感受到的瞬間會覺得很強烈，但這些感覺不容易留存下來成為長期記憶。我們常說聞到某種香味或嚐到某種味道時，會瞬間想起以往的某件事情，不過如果沒有那香味或味道的刺激，要回想起那件事也不容易吧。

反觀視覺或聽覺形成的記憶，只要想起「那時的這種景色」、「那時外面的風呼嘯地吹著」等情境，記憶就會鮮明地在腦海中浮現。

五感中特別是「視覺」與「聽覺」會將刺激轉換為印象，再將此印象留在腦中而留下記憶。

倘若是如此，就不能像我這樣全然使用「視覺」，藉畫面來輔助記憶，而更要使用「聽覺」，借助耳朵的力量。雙管齊下去記憶的話，印象會更加深刻。

比起只看課本學習，另外上課聽老師說明更容易留下深刻記憶。

據說「念教科書、上課聽老師講解，複習時再讀教科書」這種反覆學習法相當有用，這大概也是因為「視覺」加上「聽覺」，會使得記憶更加牢靠的緣故吧。

學習方法中，朗讀亦頗受重視，這也是因為聽到自己的聲音有助於聽覺記憶的緣故。準備司法考試時，朗讀是非常有效的學習方法。

眼睛看著教材，一邊集中心力研讀，一邊朗讀出聲，藉此讓眼睛與耳朵都受到刺激。在伊藤塾中，我們都會建議學生朗讀教材與法律條文。參加短期課程上榜的學生中，就有許多人是藉由朗讀幫助學習的。

自己講課給自己聽——「自我教學法」效果絕佳！

運用「視覺」與「聽覺」兩者的記憶技巧中，效果最好的是「自我教學法」。我準備司法考試時，便積極使用這個方法。

我是這樣實踐自我教學法的：首先，我會抱著「之後要自己講給自己聽」的心態去聽課，希望日後能夠如實重述老師所講的話或說明方式。

接著，上完課回家的路上、搭捷運或是回到家之後，我就會一邊回憶、一邊把自己當老師般重述今天所上的課。「今天的重點有三項，第一個重點是……。」像這樣大聲說出今天聽到的內容。

由於耳朵聽到自己口述的聲音，所以那些內容便成為聽覺的記憶。

如果無法完整重述上課的內容，那麼講講關鍵字或重點句也可以，一邊回想、一邊試著說明看看。可以在睡前五分鐘練習自己講課給自己聽，長久下來就會有明顯的效果。

以我本身為例，**我走在路上或是搭捷運時，會不斷地講課給自己聽**。由於我經常自言自語，旁邊的人大概覺得我是個很奇怪的人吧，我搭捷運時有時無意中回神過來，會發現只有自己身邊的位子是空的，沒有人敢坐在我旁邊。但這樣也有好處啦，如此一來我在擁擠的捷運車廂中也能輕鬆度過，正如我願。

「自我教學法」也能夠用在其他場合。

例如，工作上必須記住與客戶洽談了什麼或是會議內容時，可以回想看看，然後試著說出口好再整理一次。「我跟客戶談了什麼呢？會議的重點是什麼？」這樣自問自答，也能訓練自己一部分一部分地整理，或決定怎麼取捨內容。

透過耳朵鍛鍊記憶力時，我建議大家不斷刻意地回想聽到的內容。

比方說，你可以一邊回想剛剛講電話說了什麼、上課時老師教了什麼，也可以回想會議或面試的情形，一邊說出口加以整理。

口頭向部下或上司報告應該也能夠鍛鍊聽的記憶能力。你若是想要說明一件事，當然就必須先回想它的內容，這樣就會鍛鍊、加強從耳朵輸入的記憶。

日常生活中也可以設法訓練，例如練習回想新聞報導，並且轉述給他人聽，這麼做應該也能夠鍛鍊「聽的記憶力」。

有些藝人會將有趣的話題不斷地說給別人聽，說多了自然就記住了。這做法不僅能練習記憶住各種模式，也能逐漸掌握關鍵，自然能把笑話講得有趣。

總之，有耐性地不斷練習將聽到的內容說出口，長久下來一定會看到效果。

第3章

平日怎麼訓練自己的記憶力

試著回顧你一整天經歷了什麼

記憶是指將發生的事轉為印象，存放在大腦中，日後需要時，再從大腦取出使用。

如果想要加強記憶力，就該訓練自己「記憶」與「回想」的能力。我們可以每天藉由生活中的小事訓練自己。

其中一個非常有效的方法，就是「回顧你的一天」。

你可能覺得自己每天都過得差不多，不過若試著回想，應該會發現今天一整天下來自己對某些事情留有印象。「我今天中午吃什麼？」「今天跟誰碰了面？」「今天遇到的某某人好漂亮啊……」等等。像這樣試著鉅細靡遺地回想，不僅能夠訓練記憶力，若是回想工作方面的事，也可以為隔天的工作做準備。

我在開完會之後，總會在當天找個空檔在腦海中回想會議中發言者或出席者的模樣、會議的過程等等。由於祕書會做會議紀錄，所以其實我事後再看會議紀錄也可以。不過，如果會議當天在自己的腦海中回顧一遍，就不容易忘記重要的事項。

有人會在睡覺前簡短地寫下日記，這也是回顧的好例子。倘若你覺得特意拿筆寫在紙上很麻煩，光是在腦海中快速地回顧也就夠了。

一旦養成這個習慣，將有助於將記憶確確實實地固定下來。這是因為一件事即便很重要，但我們仍難免忘記。

回顧一天的經歷時，經常會出現「明明知道有非常重要的事，卻怎麼也想不起來」的狀況。如果你怎麼樣都想不起來，也別因而煩悶，乾脆就拿出記事本或找資料確認，讓心情舒暢了再就寢。

讀書、學習也是一樣。先回顧今天一整天做了些什麼，確認原本已遺忘的事之後再上床睡覺，這麼一來，腦中就會留下「那時我還特地從床上爬起來翻筆記本」的記憶，之後就不會遺忘了。

大家試著培養回顧一天的習慣吧。

出門或回家刻意挑不同的路走

我還經常做一件事，那就是出門或回家時故意走不同的路徑。如果你仔細想想，就會發現這也是加強記憶力的妙方。

為什麼出門或回家要走不同的路呢？簡單地說，如果你總是走相同的路，就會逐漸感到無趣。

若是第一次走某條路，我們就會一邊走、一邊全速運轉頭腦。「在這裡轉彎好嗎？」「地圖是這麼畫的，但實際看來不是那樣啊……」「啊！沒想到這樣的地方有這麼一家溫馨的店呢！」就像這樣，一邊忙著思考、一邊走著。由於大腦全速運轉，所以會感覺時間變長了。

不過，若是走同樣的路回家，感覺就完全不同了。這時我們是根據早已知道的資訊走著，所以不用思考新事物，也不會有新發現。由於幾乎不用思考，感覺耗費的時間比較短，一下子就到家了，當然也不會覺得有趣。

無論是日常生活或是讀書、學習，都要**經常下工夫使自己產生興奮或嚐到新鮮感**。

說到這裡，我想起先前去台灣考察檢察署與司法官訓練所的經驗。**到陌生的地方時，我會盡量不要依賴地圖**。到台灣考察那回，雖然我事先就拿到了地圖，但從機場搭計程車進入市區時，我完全沒有翻開，只是從車窗眺望外面的景色，因為我試圖在腦海中勾勒地圖。

「在這裡迴轉，由於是從這邊過來的，所以機場會在那個方向。河川是這樣穿過市區的……。」如此一邊思考、腦中一邊描繪地圖。

從周邊城鎮的樣貌來推測市區狀況也很有意思。比方說，不同路線的公車越來越多，那麼公車總站一定就在附近，若是如此，應該就接近市中心了。或是，這裡有政府機關與警察局，所以總統府應該就在附近。像這樣一邊對照自己腦中的資料庫、一邊推論。然後，我腦中的地圖就完成了。

對我而言，像這種搭計程車的時間也非常幸福。

我理想中的旅行方式，就是不帶導覽手冊去旅行。若是可以的話，就直接被丟在完全陌生的城鎮，沒有事前準備的旅遊資訊，也沒有地圖。想來就令人覺得興奮！

我之所以事先不看地圖，是因為看了地圖就好像一開始就看穿戲法，會讓人感到失望。如果依照地圖走，那麼所有看到的東西都已經事先知道了，這樣不就沒有新發現了嗎？

由於我會一直在腦中想像地圖、描繪地圖，所以我只要走過某個區域一次，就會完整地記住它的路徑。我不是記憶個別的景物，而是鳥瞰整個地區，因此就算建築物或風景改變，我依舊能夠抵達目的地。

像這樣「藉由俯瞰來掌握整體樣貌」，也非常有助於加強記憶。注意正確的方位、從整體的角度思考，然後標出自己所處的位置等等，這麼做不僅能夠正確地記憶道路，還能有效地加強記憶力。

不擅長整理的人記性也比較差

導致記憶力衰退的頭號大敵是怕麻煩。因此，我們要經常整理日常瑣事，別嫌麻煩。

日常生活中需要用腦的事情不計其數。專家指出，烹飪、打掃或是洗衣服等，都可以預防失智症，可見做家事對於提升記憶力是有幫助的。

整理書本或文件也能有效訓練記憶力。每年我都會大掃除兩次。整理藏書、文件也是整理資訊的一種，所以也是提升記憶力的有效方法。

至於分類方法，書本的話我會分為「已讀」、「未讀」，「未讀」的書再分為「最好趕快閱讀」、「想讀的時候再讀即可」等兩類。定期整理家裡的東西還能夠轉換氣氛，無論是心情或房間都會因而感覺煥然一新。

文件若是放著不管就會逐漸堆積，所以必須好好分類。思考怎麼分類東西得動腦筋，所以也有助於整理記憶。

我會把文件放入信封整理，但歸檔的習慣、方法每個人不一樣，只要用點心思就行了。文件可以收在箱子裡，也可以收在抽屜或收納架上等等。現在有越來越多人會將文件轉為ＰＤＦ檔保存。

電腦檔案也是一樣。要取什麼檔名？資料夾裡要收什麼檔案？這些都需要靠個人的整理能力來處理。說起來，什麼抽屜收什麼東西、要取什麼名稱等整理方式，其實與整理腦中的記憶是一樣的。

整理分類時要注意「簡化」。我在伊藤塾裡的辦公室約三坪大，裡頭堆放著許多書籍與文件，連轉身的空間都沒有。正因為我存放了大量資料，所以必須以容易理解、極為簡單的方法分類。

我發現，完全無法整理房間或不擅長整理的人，記憶力也比較差。反之，就算身處極為雜亂的環境也能夠決定怎麼整理的人，不僅記得快，記憶力也較好。

倘若你想要提升記憶力，那麼先試試怎麼整理書籍或文件吧。

藉由杜撰故事來加強記憶

前述的《大腦這樣記憶，什麼都學得會》這本書中，喬許．佛爾這位全美記憶力比賽冠軍的專欄作家提到一種我非常感興趣，**源自古希臘的「記憶宮殿」記憶法**。

據稱，若是使用這種記憶方法，就算是一般人也能成為全美記憶冠軍。

實際上，佛爾原本的記憶力跟一般人差不多，但他一開始使用這個方法後，就能靈活運用各種記憶技巧，最後竟登上記憶比賽冠軍寶座。這故事令我躍躍欲試，很想挑戰看看。

「記憶宮殿記憶法」是「利用空間記憶，組織原本毫無脈絡且看似不相干的資訊，並且收藏起來」。也就是把想記住的事重現於某個空間，例如宮殿或是自己的家裡，然後記在腦中。挑選你熟悉的地方最好，像希臘時代的人便常選擇宮殿，如今我們則可以選擇自己成長的家。

講明白一點，「記憶宮殿法」就是要你想像故事來加強記憶。接著我來說明怎麼做。

假設你現在必須出門買十樣東西。通常你會怎麼做呢？如果用腦子記住十樣東西，往往會遺漏，所以你會用紙筆將這十樣東西記在紙上吧。不過，若是運用「記憶宮殿法」，就不用把這十個東西寫在紙上。

怎麼做呢？

首先，清楚地想出自己家的樣子。

倘若你住在公寓大樓，大樓的入口處是什麼樣子呢？自動鎖的按鈕位於哪裡？進入大樓的大門之後，電梯在哪邊呢？你要搭電梯到幾樓？穿過走廊，走到自家門口，開門之後左邊有鞋櫃，進入家中的右手邊有一間臥室——就像這樣，試著仔仔細細地回想一遍。

接著，將你打算買的東西從大樓入口開始依序放下。當然，你只要在腦中想像就行了。

首先將衛生紙放在大樓大門的旁邊。「咦？衛生紙怎麼會放在這裡呢？」故事就從這兒展開。

接著，你想要按自動鎖的按鈕時，發現按鈕上面沾到醬油。「對了，我得買醬油。」

一進入電梯後，突然有啤酒從上面灑下來，「我全身被啤酒淋得溼答答啦！」當你這麼想著並打開家門，腳底居然踩到釘書針。「痛死我了！」像這樣在腦中杜撰情節。

你實際去購物時，就從自己家的大門開始，依序想出剛才杜撰的情節，直到進屋為止。

大樓入口處有衛生紙，自動鎖的按鈕上沾了醬油，進電梯之後被啤酒淋到……，像這樣依序想出畫面的話，就算沒有寫清單，也不會忘記應該採買哪十樣東西。

或許有人會覺得這麼做很愚蠢，但這個方法卻非常實用。

倘若需要記住許多東西，由於腦中的想像畫面需要置放許多東西，所以就得盡量選擇寬闊的房子去想像故事，若是住在套房的人就可以想像學校、公司大樓或老家的大房子等等。

記憶力好的人，腦袋裡往往擁有許多座記憶宮殿。他們會在腦海中具體想像記憶宮殿的佈置以及所發生的事情等等。總之，在你還不需要記憶什麼事的時候，就要先花時間準備，建立許多裝記憶的容器供日後使用。

書上說，倘若想要留下深刻印象，就要使用經驗記憶。「記憶宮殿」就類似於經驗記憶。

死背硬記我們比較不容易做到，因此像「記憶宮殿」那樣，試著就自己身邊的事物編造情節，不失為加強記憶的實用方法。

「看圖說故事」可輔助你記住具體事件

前面提到的「記憶宮殿」可說是編造故事的一種方法。當你必須記住的是購物清單這種原本就無情節的內容時，用這個記憶法便足以應付。使用「記憶宮殿記憶法」時，你編造「從天花板淋下啤酒」、「衛生紙放在大門外」等荒誕情節也不要緊。

然而，如果你要記住的是司法考試的申論題答案之類，必須先深入理解內容再記憶時，就可以杜撰稍微有情節的故事。

現在想想，**我記憶事情時，都不是一個一個死記硬背，而是利用一個故事**

把該記的所有內容納入它的情節中。我覺得這樣做比較容易回想。

我舉個牽涉到法律專業的例子。

假設司法考試出了以下題目（這是實際發生過的案例）：

有位母親擅自將自己孩子的土地拿去抵押借錢，並且將借來的錢挪來當自己哥哥經營公司的資金。請問，這個母親的行為是否正當？

一般人大多會認為，母親不能擅自處理孩子的財產。然而在法律上，如果父母是為了孩子的利益著想，那麼是有權利自由處理孩子的財產的，這稱為「全權代理」。

對孩子而言，什麼是有利的？這只有身邊的父母才能夠判斷。在法律上可以主張，這位母親判斷她可以藉由幫助兄長的公司，日後為自己的孩子取得利益。不過如果不是為了孩子，而是為了供自己玩樂或享受而擅自動用孩子的財產，那麼就可能會因「濫用法定代理權」，而導致抵押設定無效。

實際上回答申論題時，還要更仔細地舉出各種論點才行。不過無論如何，整理自己的論點時，我會先在腦海中清楚勾勒這位母親的形象，然後杜撰一段故事來輔助記憶。

這事件中的所有相關人，我都會在腦海中勾勒出具體形象，比方說A穿這樣的服裝、住家是如何如何、經常出現什麼神情等等。有時候我甚至會畫出他們的肖像，倘若時間更充裕，也可以藉由「看圖說故事」模擬劇情。

如果事先做好這些功課，一旦考試出現這道問題，你就能夠很快想出母親的臉、孩子的臉、土地的現況或是哥哥的公司等各種資訊。

具體想像有助於記憶

不合常理、教人吃驚乃至驚嚇的事，或是有趣的事等等，往往令人印象深刻，會成為清晰的記憶。以前述的記憶宮殿為例，啤酒從頭上淋下來、按鈕沾上醬油等都不合常理，所以想像著那些場面時腦海中會留下記憶。

據說會深刻地留在我們記憶中的事，排名第一的是不入流的事情。例如準備司法考試時，許多考生會利用各種諧音來輔助記憶，其中有不少是平日我們往往說不出口的。利用諧音來輔助記憶是常見的技巧，如果是自個兒默默地用難聽、低級的話來加強記憶，我想也無妨。

有些人能夠背出圓周率小數點以下好幾位數，或是背出一些令人感到瞠目結舌的數字。這些人到底是怎麼樣記住這些數字的呢？說穿了，他們就是把數字化為暗號記在腦中。

舉例來說，把兩位數的數字轉換為各種東西。例如「32」是男性，「19」是喇叭，先定義好各數字所代表的意義。所以「3219」就是男人吹著喇叭的模樣。將許多這類畫面串連起來，最後就能編出非常不合常理的情節，然後記在腦中。你可以根據記憶的內容，考慮是否選擇用這種方式來增強記憶。

不過用這種方法的話，記憶之前得先記住想像畫面，因此要看你有沒有時間這樣做。

我如何記憶人名？

與許多人見面時，很難記住現場那麼多人的名字，相信這樣的經驗大家都有過。像這種時候，**我會利用形象來記憶。我很少只靠文字記憶人名。**

我曾經到韓國參加一場以民主主義為主題的律師集會。那時我與韓國的多位律師一起開會，為了記住對面一整排的人名，我便在腦中將對方的座位順序與特徵轉換為畫面。

例如，坐在正中間的高先生感覺難以相處，但他穿得非常時尚有型。他左邊的張先生有點胖，但感覺平易近人，好像很容易聊上話。A律師與B律師用這樣的表情說這些話……等等，我將對方的形象與名字結合，記在腦中，之後便牢牢記住了他們的名字，實在很不可思議。

會議結束後，我會像錄影帶倒帶一樣，回想這當中發生的所有場面。

藉由已經知道的事物，去輔助記憶新接收的事物，也能有效強化記憶。比如你認識了一個新朋友姓佐藤，那麼就可以想出原本的朋友中同姓（甚至同名）的某一位，然後結合兩人的資訊來加深印象。

記憶力再怎麼好的人，如果只是記憶名片上或教科書上的文字資訊，記憶量很有限，因此要將文字資訊結合影像，乃至顏色、形狀、大小或氣氛等等。

像這樣利用視覺幫助記憶，就容易記得住，各位一定要試試看。

「一時忘記」與「靈光乍現」很類似

就算經過各種嘗試而終於記得的事物，有時仍怎麼想也想不起來。這就是我們常說的「一時忘記」。

關於這種情形的機制，日本神經科學家茂木健一郎所著的《靈感腦》（ひらめき脳，暫譯）是這麼寫的：

「一時忘記」指大腦的額葉要求提供資訊，但顳葉卻沒有答案可提供的狀態。也就是，額葉下了命令：「想出那個人的名字。」但顳葉卻回答：「曾經在哪兒遇過，但想不起來。」

有趣的是，大腦怎麼也想不起來的狀態，與腦子靈光乍現的狀態非常相似。因此茂木先生在書中寫道，遇到一時忘記的狀態他覺得很開心，因為大腦怎麼也想不起來的痛苦感覺，也可能是產生新靈感的契機。

我可以理解「大腦處於痛苦時能夠鍛鍊大腦」。因此，當你一下子忘記某件事，怎麼也想不起來時，不要馬上問別人或查資料，先花點時間努力回想。這麼做或許還能幫助你想出獨創的點子。

若是想創造靈光乍現的機會，必須把必要原料先放進腦袋裡，因此我們必須學習。

或許有人認為，記憶、背誦與靈光乍現或創造是（性質）相反的事情。實際上，如果沒有學習、累積某種程度的記憶，就不會有想法產生，因為靈感不可能無中生有。

說到這兒，我想起自己費盡心思專注念書後，腦中確實經常突然冒出新點子。那感覺就好像把竭盡所能塞進腦中的記憶重新洗牌，其實這就是我們常說的突破。

一旦你鼓起幹勁集中心力，大腦就會活化，大腦的許多迴路也會因而搭上線。倘若腦袋空空，那麼無論怎麼搖晃它也搖不出東西，只有拚命塞滿東西的腦袋才可能不斷湧現創意或新點子。

第 4 章

記性好的人與記性差的人

每個人天生的記憶力都差不多

我認為每個人或多或少都具備一些記憶的技巧。

我們會說有人記性好、有人記性差，但真是如此嗎？確實，有的人記性會好些，有的人會差點。不過差別真的不相上下。如果不是想當天才型的記憶高手，或是想擁有頂尖的頭腦，那麼我們與生俱來的記憶力便已足夠。

就算你的記性稍微比別人差，我覺得，只要有意願鍛鍊這項弱點，應該就能夠簡單地克服它。

當然，這應該會比別人多花一些時間。記憶力好的人花兩年做到的事情，你或許要花五年才辦得到。不過，如果你能夠持之以恆五年，那麼一定追趕得上。我想各人所擁有的記憶力，差別頂多是這樣的程度而已。

前些日子，我與補習班某個學生交談，他這麼描述自己的狀況：

「從小，學校就要我記許多東西，但是我總覺得自己的記性很差。就算最後我終於背起了九九乘法表，也是班上最後一個背熟的。此外漢字我也是怎麼都記不起來，放學後經常被老師留下來加強練習。像我這種記性這麼差的人也能夠挑戰司法考試嗎？」

我告訴他：「只要你有持續的熱情與足夠的動機，就沒有問題。我不知道你得花幾年，不過，如果你能夠不放棄地持續努力，那麼最後一定能夠達成自己的夢想。」

「還有，小時候你記性差，有可能只是因為對於要記憶的東西不感興趣。由於你對於進行的事情沒興趣，所以無法集中心力記憶。只是這樣而已。」

有些孩子小時候之所以很會念書，是由於覺得念書很開心，有可能是因為把功課背起來的話父母會稱讚他，或是可以拿到零用錢等等。簡言之，他們有理由對讀書這件事感興趣。

要如何證明這點呢？

有的小朋友雖然九九乘法表或漢字背不起來，卻能夠說出《寶可夢》卡通裡面所有怪獸的名字，或是異常熟悉昆蟲的種類等等。這並不是他們的腦袋異於常人，而是在那段期間他們感興趣的事物跟一般的孩子不一樣。

有的人就算學科方面不突出，也會在別的事物，例如音樂、繪畫或運動領域充分發揮能力。

運動時必須記住身體的動作與狀態，若是彈奏音樂就必須背譜或記住彈奏方法或歌唱方法等，這些都要仰賴記憶力。

依著各人擅長記憶的事物不同，我們就會說這個人很會念書、他是運動高手、或是他具有音樂才華等等。

各人的差別並不是記憶力好或壞，而是擅長記憶的事物不同。

因此，沒有必要因為自己記性差而感到自卑。只要對必須熟記的事物抱持好奇心，或釐清要怎麼樣才會對這個對象感興趣，我覺得這樣便已足夠。

更進一步來說，記憶並非「記住什麼東西到什麼程度」這種量的問題，而是你能從記憶的事物學到什麼、如何加以運用等，涉及生活方式的問題。

你賦予過去的記憶什麼意義，根據那樣的意義，你會輸入什麼樣的記憶呢？

這樣的技巧正是你的生活方式。

記憶並不是「量」，而是「生活方式」。

挑戰司法考試，我也曾經感到害怕

回頭想想，我第一次意會到記憶技巧，是我開始考慮參加司法考試的時候。

我永遠忘不了，那是我剛考上大學後不久。

當時我的目標是想成為外交官，但不知怎麼的，我對司法考試也很感興趣。

或許是因為我身邊有許多相當厲害的朋友早就已經以通過司法考試為目標，開始準備了。

想通過司法考試得念多少書才夠呢？

受了周圍同儕影響，我到大學圖書館找尋相關的書籍。當我走到司法考試專區一看，內心受到強烈衝擊！

當時的司法考試必須考七科。

六科法律加上一科自由選擇的教養科目。每一科法律科目都有好幾類教科書、問題集以及判例集，把這些教材疊起來至少有五十公分高，有些科目的教材甚至還超過一公尺高。總共要考七科！

當時我盯著排了好幾公尺長的書，腦中瞬間浮現：「不可能，別考了。」打從內心放棄參加司法考試的念頭。

光是念這些東西，我就不能參加社團玩樂，也不能打工、旅行或是享受大學生活等等。

若是這樣，我當初何必千辛萬苦準備大學聯考呢？

「不可能，我考不過的。」我被那一堆教材嚇得可說落荒而逃，決定遠離司法考試的戰線。

然而，在四年的大學生活中，身邊發生的許多事情改變了我的想法。雖然我非常希望能成為小村壽太郎[2]或陸奧宗光[3]那種能夠改變國家的外交官，但後來我知道，現在的外交官工作內容與我原本想像的已完全不同。改變我最大的，是某次與外國朋友爭辯時遭受的屈辱。

那位外國友人對我說：「你啊，連自己國家的憲法中最根本的精神都不知道嗎？這樣算什麼日本人！」

「有必要講得這麼重嗎？」我一邊這麼想、一邊重新翻出日本憲法研讀。這時我才第一次發現日本憲法了不起的地方。

「與他人不同是美好的」，我開始想多了解這個尊重個人的憲法，想要從事與憲法相關的工作。

去參加司法考試吧！我在大學三年級時做出這個決定。

雖然我起步得比別人晚，但是終於在大學三年級的秋天正式開始準備參加司法考試。

注2：日本明治時代的外交官。

注3：日本明治時代的政治家與外交官。

我發現「記憶技巧」的那一刻

那時，我面對的挑戰是數量龐大的教材。準備司法考試本來就得研讀不少教材，更何況我還比別人起步晚。面對這個障礙，同時要在短期間之內了解、記憶、提取大量知識，我該怎麼做才好呢？

「這怎麼可能……我辦不到的。」我的腦中出現過無數次這樣的想法。坦白說，這真是令人光想就臉色發白的辛苦戰役。

那時，閃過我腦中的，是東京大學圖書館裡，畢業後還持續用功，志在通過司法考試的學長們「寒窗苦讀」的身影。

我在高中時參加弓道社，每週來學校教我們弓道的O學長當時也正在準備司法考試。我們這些高中生不知道O學長的私事，私底下傳言：「O學長是做什麼的啊？」「他好像每天都去大學的圖書館看報紙欸。」

後來我才知道O學長正在準備司法考試。

倘若想要參加司法考試就得像學長那樣，大學畢業後還要每天去大學圖書館看報紙，那樣的生活光想就叫人直冒冷汗。

我瞬間想起那樣的身影，想到準備司法考試非常辛苦，心情就立刻沉到谷底（順帶一提，那位O學長現在已經是為市民服務的優秀律師了）。

話雖這麼說，但我之所以能夠好不容易地重新立定志向，是因為有著莫名的自信。

許多人因為像我這樣被龐大的資料給嚇到，也因為當初投入司法考試的動機無法持續，所以中途就打退堂鼓。因此我認為，只要能夠不斷提醒自己當初是為了什麼而報考司法考試，至少就能夠通過其中一個難關。

另外一個支持我的想法是，正因為要研讀的資料很多，所以我自認可以利用讀書的方法（也就是技巧）拉開與別人的差距。

話扯得有點遠了，不過正是這個契機，使我意會到記憶是有技巧的。

為什麼記憶力超群的人會落榜？

大學三年級我開始準備司法考試時，首先思考的是該如何確實記住這麼多的資料。

由於我比別人起步晚，時間不夠，所以不能記所有東西。

我必須從這麼多資料中鎖定真正非記不可的內容。換言之，我判斷只要鎖定應考時要提取哪些內容來用，將它們確實記憶在腦中就可以了。

「在什麼場合會用到這些知識，所以我得如何如何記憶……。」我一邊這樣思考、一邊選擇必要的資訊，將它們確實記在腦中。

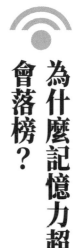

拿蓋房子來比喻的話，這就好比蓋房子之前要先畫好設計圖，然後思考應該準備哪些零件或五金等，以應付動工後的一切需求。

假設現在要蓋一間三層樓的鋼筋透天厝，該準備什麼規格的窗戶與門板？地板要挑選什麼材質才好？

囤積太多不常用的零件是沒有意義的，只要事前準備使用頻率最高、最常用的零件、最常用的尺寸就可以了。

客戶會有各式各樣的要求，可以吻合這眾多要求的零件是什麼？事先準備好「必須且最低限度」的東西即可。而準備司法考試時，「必須且最低限度的東西」就是你鎖定要記憶的內容。

不過，萬一你帶到工地的制式規格零件都不適用，那該怎麼辦？在建築工地，資深的師傅會依照需要，修改微調規格化零件的尺寸。

在現場做的修正就是「思考部分」。

總之，在工廠依照設計圖準備哪些規格化零件、準備多少等等，這是「記憶部分」；在工地現場藉由師傅的經驗依照需要微調備好的零件，則是「思考部分」。兩者都非常重要，缺一不可。

多年來我帶過不少學生，據我的觀察，注意到遇到什麼題目時要提取什麼內容而事先有效率地記憶，以及能在應考時隨機應變的思考能力，都很重要，能夠注意到這兩點的人上榜的機會通常比別人來得高。

關鍵不在於記憶力好或不好，而在於能否配合目的去記憶。是否能夠利用你記住的內容去思考並加以應用，這才是能否上榜的關鍵。

實際上，光靠記憶好根本無法通過司法考試。

我遇過一位年紀輕輕卻擁有超群記憶力的學生。教科書他只要讀過一遍，就能夠全部記在腦中，可說是個記憶天才。他自己亦曾提到，他只要看過一遍就能夠完整記住書中的所有內容。你請他解釋某個詞時，他能很快地完整寫出，連教科書的頁碼都沒漏掉。

可惜，這名學生不擅長組合已經記在腦中的概念，並思考它們彼此間的關係，此外遇到沒看過的題目時往往束手無策。

總之，由於他僅是擅長背誦，因而無法在考試時隨機變通微調答案。比方說，他紮紮實實地背熟了四百字的解釋，所以考題若要求必須用三百字左右說明，或是增為五百字時，他就不知道該減少哪些部分、該增加什麼了。最後他終究沒有通過司法考試，中途離開了司法界，轉往其他領域發展。

我舉這個例子是要告訴各位，記憶力好不見得就會在考場無往不利。記憶力不等於上榜機會。有時擁有超強的記憶力反而是缺點，記憶力畢竟只是達成目標的手段。各位務必要記住這點。

人生順遂的，往往是對記憶力沒有自信的人

記憶力好未必有利於考試。

因為腦袋一旦能輕鬆記住內容，往往無須在記憶方面特別下工夫，結果反而成為考試過關的絆腳石。相反地，對於自身記憶力欠缺自信的人，則會想方設法準備，反倒常能達成目標。

實際上據我的觀察，不擅長記憶的人通常比較快通過司法考試。

舉例來說，對自身記憶力沒有信心的人由於很難背熟四百字的說明，因此會找出關鍵字或重要句子，藉其中的邏輯來背誦。

難以整篇背誦時，他們會以關鍵字、邏輯推演或是依重要程度編出順序等方式來輔助記憶。總之，他們會試著將內容轉換為自己理出的順序或邏輯，或者編成故事，以便記起來。

由於整理到最後只留下關鍵字或重點句子，所以考試時無論是要刪減贅詞冗言或添字增詞等，他們都能夠輕鬆辦到。此外，由於他們會將要記憶的內容轉換成自己的說法，在這過程中已經思考過許多狀況了，因此會比較深刻理解記住的內容。

對於自身記憶沒有自信的人比較會設法於此下工夫，所以能想出有效的記憶方法，還能同時訓練思考能力，正所謂「一石二鳥」。

因此，就算你對自己的記憶力沒把握，也完全不用怕。記性差不是缺點，很多時候甚至會成為優點。

由於覺得自己不擅長記憶，所以努力地記住，如此不斷累積之後會有什麼結果呢？

每天反覆地記憶、整理，思考與目標相關的事物，一年三百六十五天，每天都進步一點點，幾年之後就會有明顯差異了。

若是沒有「累積記憶」，我們就無法「思考」

一般人都以為，準備司法考試就得死背所有教材的內容。

我的學長、學姊確實耗費許多時間背誦教科書。

「喂，你教科書看過幾遍啦？」

「看三遍了。」

「喔，那你還早的呢。我都已經讀過十五遍了。」

學長一邊說著、一邊讓我看他在教科書背面畫的「正」字。他每讀過一遍就畫上一筆，總共已經畫了三個「正」字。翻得髒兮兮的教科書與令他自豪的幾個「正」字，都是他用功的證明。

準備司法考試的學生，向來是不斷重複研讀大學老師列出的「基本教材」，將那些教科書背得滾瓜爛熟。

必須背熟的不只是教科書。東京大學有一門課的教授是司法考試的考試委員，學生上他的課時，往往埋頭拚命抄筆記，之後再將筆記背熟，這也是老式的用功方法。

因此，上這位知名司法考試委員的課時，學生往往很辛苦。由於沒有選課的外校生或畢業生也常常慕名前來聽課，上課前教室門口總是排了長長的隊伍。

我在大學二年級時選了某位亦擔任司法考試委員的教授的課。我在上課前抵達教室時，往往已經座無虛席。即便如此，來聽課的學生還是多到連站著聽課都嫌擠。當時我滿腦子只想著玩樂，看到這情形反而鬆了口氣，恰好有了蹺課的藉口：「既然沒座位，那也沒辦法了。」

由於之前玩過頭，因此大三我開始用功念書時，根本無法像運動員那樣可以靠著「韌性與努力」，慢慢地花時間念十五遍教科書。

可以準備的時間這麼短，我要怎麼有效地念完這麼多教材，通過司法考試呢？我在前面提過，這就是我不得不認真思考記憶技巧的契機。

無論如何，都要從頭到尾背一遍。大多數的人準備司法考試時，都會採取這個方法。

不過我要在這裡大聲疾呼，這做法完全不對。

然而，即使到了現在，這樣的誤解也仍舊根深蒂固。前陣子我看報紙時，看到一位年近四十歲、想要考取律師資格的法學院研究所學生說：「如果想要通過考試，那除了把教科書背得滾瓜爛熟，別無他法。」

「我也想多吸收些實務經驗，像是溝通能力等等，不過如果不先通過考試，那一切努力都是白費。」

如果這名學生打從心裡這麼想，那就慘了。以背誦為主的研讀方法並不是司法考試的全部。他若確實是這麼認為，那可真是危險至極。

對於這則報導，報紙上還有一則很有趣的評論。

事實上，從二〇一一年開始，具備以下兩種資格的人可以參加日本的司法考試，一是「法學研究所課程修畢者」，另一個是「通過預試者」。

針對這樣的考試制度，某位法學研究所教授說：「一旦通過預試的人增加，那麼考生將會像以往那樣重視藉由背誦來應付考試。」

這名教授認為，長久以來司法考試都是重視背誦。但他的言外之意應該是指「重視背誦並不好」，也就是說，他認為「司法考試其實不重視背誦」。

考生認為「司法考試以背誦為主」，法學教授則認為「重視背誦並不好，司法考試其實不重視死背」，接受指導的人與指導學生的人看法如此天差地別，學習成效恐怕不會很好。法學研究所的學生通過司法考試的比率不如預期，原因可能就出在這兒吧。

我說過，我不是藉由死背所有教材來準備司法考試。不過各位要注意，光是死背雖無法通過考試，但我並不是要你們都不要背誦教材。問題出在對於

「背誦」與「記憶」的認知。

認為「司法考試以背誦為主」的考生與認為「重視背誦並不好」的法學教授，雙方都沒有深入探討背誦與記憶的意義。

在這裡，我稍微整理兩者的差別。

如果只是單純地認定「背誦會導致頭腦無法思考，所以不好」，這是不對的。因為這樣的想法把「思考」與「背誦、記憶」視為相反的概念，誤以為兩者是彼此衝突的。

如果不解開這個根本的誤解，很可能會不斷用錯方法。

當然，如果不先理解就死背硬記，那就不用說了。不過，當我們思考事情時，背誦、記憶確實是極為重要的基本功。倘若你沒有先記憶些什麼，就無法研讀或思考了。

舉例來說，我們學習英文時，有的老師會教學生要用自己的頭腦思考，而不是死背硬記。而我們得先背誦最基礎的英文單字、英文文法，之後才能開始學習英文。

一定要抱著「往後它能幫助我思考」這心態來記住基礎知識。換言之，記憶其實是思考的一環。

我要再度強調，絕對不能依賴死背硬記。倘若不先理解內容就囫圇吞棗地將它們硬記在腦袋裡，別說司法考試了，連大學入學考試或其他考試應該都無法過關吧。

我不是全然否定背誦的功用。思考的基礎絕對是建立在記憶之上。先理解，然後記在腦中。如果這樣的過程叫做背誦，那麼背誦就是思考的必要基礎，也就是思考的根基。

說到記憶技巧，我們的目標應該是學習提高記憶效率，並且靈活運用記住的資訊，而不是胡亂死背、硬記一通。

有時候「死記」比較有用

有的人認為「死記」不好。不過這裡說的死記是指什麼呢？我將它定義為「不理解內容，只是一味地記在腦中。就算不了解某件事情，一樣囫圇吞棗地硬背下來」。

為什麼這麼做不對？因為倘若不了解內容，那麼你就不知道該在什麼情況下用它，就算你將它背熟了，也無法實際運用。

不只如此。如果你不清楚所記資訊適合用在什麼場合，可能會誤用，以致在考試或工作上犯下重大失誤。由於我們好不容易才將資訊背起來，因此總會想使用記在腦中的東西，所以就會想把它們當答案寫出來。

這麼一來，你可能會在錯誤的時機使用記住的資訊，也可能寫出不正確的答案。考試時你會因而被扣分，職場上你則會因此出錯。

死背硬記的一大缺點是，你不會發現自己記錯了。這有時會導致相當嚴重的後果。

舉例來說，使用法律用語一定要非常嚴謹，必須正確、縝密，而且精準。如果你死背的話，不僅無法理解你所背的法律用語，而且誤用它們的時候自己也不會發現。

比方說，法律用語中有「犯罪嫌疑人」與「被告」，前者是尚未被起訴的人，被告則指已被起訴者。

根據日本憲法，法院得指定「國選辯護人」為被告辯護。國選辯護人的辯護費用由國家的稅收支付，因此沒有錢的人也可以申請國選辯護人為他辯護。不過，只有被告才適用這項制度，若僅是嫌疑犯則不具這項權利。

被告與嫌疑犯兩者的定義完全不同，倘若沒有確實搞清楚並熟記它們的差異，實務上就會犯下相當嚴重的錯誤，這在初學者中經常發生。因此如果能夠避免死背硬記，就要盡量避免。

那麼，死記是不是毫無幫助呢？不是這樣的。

遇到怎麼想就是想不通的部分，還是可以先背下來，有時日後你自然會明白它在講什麼。

古時候，日本的私塾都會教導孩童背誦《論語》或漢詩。孩子們連句子在講什麼都不懂，就將它們牢記在腦中。但隨著年紀漸長，他們自然就理解這些經文的意義了。

就像這樣，**即便一開始因為非常困難而無法理解，也可以先將內容背起來，放在腦中的記憶庫裡**。日後學習到某個程度後，有時你就會逐漸了解當初背的內容是什麼意義了。

另外，如果你先記得背起來的資訊要怎麼運用，那麼就算你不了解背的內容，也能夠善加利用。

如果不知變通，堅持一定要完全理解、不可以死背的話，學習反而無法順利進行。

還有，如果抱持「因為不了解，所以不背下來也沒關係」的想法，那麼你就會以此為藉口，逃避記憶學習法。藉由背誦去學習是有些難熬，所以我們下意識總想逃避，而且還可能為此找藉口：「反正還搞不懂它在講什麼，現在背下來也太早了。」

目前怎麼樣都理解不了的事情，可以先不勉強自己去理解，轉而先試著知道什麼情境下使用它。只要你知道什麼時候適合用這個詞，日後就極有可能逐漸理解它的意思。

這是因為，明白使用方法就表示你理解它與其他事物的關聯，所以很快就能夠了解其內涵了。

面臨難以理解的內容時，可以提醒自己：「如果考這題，先把背下來的整段內容寫出來就對了。」有時候必須這樣切割，學習才能夠不斷地前進。

記憶分成「四種程度」，要視狀況運用

我們經常不加思索地將「記憶」二字掛在嘴邊，其實記憶可分為幾種不同的程度。

①概略記憶：大致上想得起來就可以的記憶。

②詳細記憶：必須連細節都想出來的記憶。

A被動記憶：經過他人提醒而想出來，或看了、聽了而想起來的記憶。

B主動記憶：必須自己想出來，自己說得出、寫得出的記憶。

例如「關於這點，只要大約記得就可以了」與「這個必須從頭到尾都背下來」，兩者要記憶的內容是不一樣的。

「只要看到漢字會念就好」與「一定要能夠正確寫出漢字才行」，這兩者的記憶也是不同的。

「眼前需要的是哪種程度的記憶呢？」遇到需要記住什麼時，先這樣思考，做出判斷。這麼一來，你就會跳脫出「所有內容都必須詳細記憶」的觀念，得以取捨輕重緩急。

研讀法律時，有時候是「讀了之後了解意思就可以」，有時則「要能夠寫出答案」，必須先確實分辨清楚。

我上課時也經常將知識分類為A、B程度，以不同方式授課。不是所有內容都必須了解到能夠詳細說明才行。

另外，也有①②與AB的組合。到別人的公司做簡報時，雖然只要概略說明，但因必須由自己開口，因此必須具備①加B的記憶程度。

司法考試的答案必須鉅細靡遺地思考，並由自己寫出，所以要求的記憶程度是②加B。

像這樣清楚地認知要在什麼樣的情況下輸出記憶，並思考這四種程度的記憶方式，那麼學習起來就會輕鬆不少。最後，要以效果為導向來記憶，也就是記憶時要思考效果才行。

頭腦好的人，不就是能很快做出判斷並且靈活運用的人嗎？

從大腦機制窺知記憶原理

我總會指導學生不斷地複習，直到記憶烙印在腦袋裡。這時，我們的大腦是怎麼思考的呢？前面提過的《增強記憶力》一書談到了這部分。

大腦中的所有神經細胞會與其他神經細胞連結，連結可多達大約一萬個。也就是說，一個神經細胞會與另外一萬個神經細胞連結，彼此傳輸電流信號。

當身體受到刺激，信號傳到神經細胞時，接收到信號的神經細胞會判斷是否要將它傳給下一個神經細胞。

假設各神經細胞與另外一萬個神經細胞互相連結，某個神經細胞接收到兩、三個相同的信號時，它不會有反應。

然而，當一萬個神經細胞中有一百個都傳送相同信號過來，接收到的神經細胞就會認為「這是重要的信號」，然後將它傳送給下一個神經細胞。

總之，信號是否會被傳送取決接受刺激的強度。如果將印象深深地刻印在腦中、不斷地重複或是加強刺激，那麼這個印象就容易記得住。這其實是有科學根據的。

還有，當神經細胞接收到未曾接收過的信號，也會產生新的迴路。池谷裕二指出，這個神經迴路的組合就是「記憶」。

若想要將記憶固定在腦海裡，一大訣竅就是不斷重複地給予刺激。這麼一來新生成的迴路就會變強、變粗。「這麼做就會成功」、「這樣做會失敗」……，不斷重複這樣的刺激，就會形成記憶並且累積「這麼做就會成功」的記憶。而這正是引導我們找到「正確答案」的力量。

因此，努力與毅力不可或缺。這個結論看似普通，不過如果得到科學上的驗證，自然容易使得學習產生幹勁。

更有趣的是，由於一個神經細胞與一萬個神經細胞連結並形成各種記憶迴路，有時神經迴路也會彼此干擾或發生錯誤。

人的記憶變得模糊或產生誤解等，據說就是這緣故。「這個資訊傳來時，必須傳到這個迴路」，結果神經細胞將訊息傳到其他迴路了。電腦就不會發生這樣的事情。

人的大腦不僅會記憶變得模糊，還會連上意想不到的迴路，這時就會冒出新的創意、靈感或產生聯想。

電腦無法模仿人的創造力，就是因為人的創造力是記憶受到干擾所致，而電腦不會發生這樣的事。這說法著實有趣。

製造靈感的其實也是記憶迴路。所以無論什麼事，若缺少了記憶就無法開始，這點毋庸置疑。

為什麼「停止」思考很重要？

不論是考生所上的大學或法學研究所的教授，當中似乎有不少人認為研讀法律的要領在於思考，而非死記。

死背硬記是不好，但要是使學生誤解研讀法律時不需要記憶，那怎麼辦呢？

思考的比重不要太高，又看輕背誦，這樣只會招致失敗。

還有，思考固然很重要，但在某些地方也得先暫停思考來做判斷。

我不擔心招致誤解。在此我必須先說明清楚，不能一味地思考，一定得學會在適當的時候主動停止動腦。

停止思考，指的就是做決定。如果不先練習「怎麼做出決定」，那麼既無法通過考試，實務上也無法發揮，最後你會難以靈活運用所學到的技巧。

從事實務的人，無論是法律專家或商人，都必須在某個時候做出決斷。如果這樣也不行、那樣也不行，不斷思考卻做不出結論，終究無法成事。

我們必須學會停止思考。我將有意識地停止思考定義為「決斷」。但學校卻沒有教學生這麼重要的技巧。

大學或法學研究所經常使用「蘇格拉底問答法」來教學，也就是教授提出一個問題後要學生「接下來自行思考」，由學生們各自論述自己的意見。

學生往往覺得這做法非常有趣，所以下課後仍舊興致勃勃地繼續討論。大家各自抒發己見，論述自己的想法。「今天的討論非常熱烈呢。」這樣心滿意足地結束。

最後，留在學生腦海中的只有痛快的疲累與熱烈討論的場面而已。這不叫學習，而且這對於通過考試或從事實務工作毫無幫助。

不能只把思考當作自己的目的來學習，只求自我滿足。我見過不少這樣的考生，他們這麼做既不會成功，也不會成長。

停止思考指的是只留下本質，斷然割捨其餘的部分。為了目的留下必要的部分，也不做多餘的討論。這就是我所謂的停止思考，也就是決斷力。

假設現在要採用多數決來決定一件事情。這種時候往往有人抗議：「那少數人的意見難道就不用理會嗎？」

但「多數決」本來就是捨棄少數意見的方法。經過充分的討論之後，最後採多數人的意見做成決議，所以少數人的意見便徹底被捨棄。我必須肯定地說，這樣就好了。

尊重少數人的意見固然很重要，但這只要在審查討論的過程中提出來充分討論就夠了。如果各人已經投票表達意見了，少數意見就必須被捨棄。這就是多數決的真正意義。

當意見透過多數決決定後，少數意見被捨棄，已決定的意見就付諸實現。倘若這時進行得不順利，只要下次少數意見轉成多數意見就可以了。

少數意見在審查討論的過程與決定後，會再度復活，轉而成為多數意見，這樣即可。重複這樣的步驟就是實現民主主義的過程。

這世上是由複雜的多元方程式所構成，盡量簡單地劃分世事，不斷重複一個又一個的決定，如此事情才能往下發展。

這樣的決斷力（也就是有意識地停止思考的能力）必須事先訓練好。一旦磨練停止思考的決斷力，你就能很快釐清什麼要記、什麼捨棄。這個技巧對於你的人生有很大的幫助。

第 5 章

記憶會改變你的人生

怎麼記，會左右你的命運

人是靠過去累積的種種記憶而活著。可以說，一個人是否能夠從過去的記憶中學習，將決定他的現在與未來。

只能從過往記憶取出負面要素的人，現在的生活應該也好不到哪兒去吧。相反地，如果能正面思考過去不好的記憶，從中學習，那麼就能夠積極且正面地活下去。

我們無法改變已經發生的事，但我們能改變這些事情的意義。

如果能把負面記憶改為正面，消除對自己而言無意義的記憶，那麼無論你的過去是如何，我相信往後都能積極正面地活下去。

我思考這件事時，想起了兩名女子。

這兩人過去都曾經遭遇霸凌。其中一個人是在富裕的家庭長大，由於課業成績很好，因而進入明星高中就讀，結果卻在那裡遭到了霸凌。

她不得已只好轉校，進入一所知名的私立大學。大學畢業後她投入職場，也結了婚，但總不滿意自己的職涯。於是她重新進入東京大學法學院，挑戰司法考試，雖然這過程有些曲折，起步也比別人稍晚，但她還是順利通過司法考試，現在已是執業律師。

在旁人看來，這名女子的資歷相當顯赫，但她自己似乎不這麼想。她認為若是高中時她沒有遭受霸凌，應該就能夠從明星學校應屆考上東京大學，也會更早通過司法考試，律師資歷也不只是現在這樣。

她的內心對於自己的學歷有強烈的自卑感，總覺得「如果過去不曾遭遇霸凌，應該能更早考上東京大學……」，就這樣直到現在仍被過去的經歷拖住腳步。

看到年輕的女律師在電視上擔任評論員時，她甚至會說：「我明明比她漂亮。」洩漏出內心的埋怨。

她從過去的記憶只得到「後悔」與「挫折」。長久下來一直活在負面記憶中，這樣的人生實在太可惜了。

另一名女子恰恰相反。她從小就被雙親遺棄，不得不住進收養機構，在收養機構中她被孤立，上學之後也遭受霸凌。

她曾經誤入歧途，但後來重新做人，找工作賺學費並且進入大學念書。大學時代她前往印度旅行時，腦中閃過念頭：「我想要當律師。」現在她正為了準備司法考試而用功念書。

她既沒有良好的家世，也曾經遭遇霸凌，人生應該充滿痛苦的回憶吧。然而她怎麼看都令人覺得是個開朗的人。

參加高中同學會時，她會毫不在意地笑著說自己的學歷最高。對於曾經欺負她的同學，她也能夠毫不顧慮地與對方開心談話。

「各位，謝謝大家對我的支持。我今後會努力工作，幫助像我一樣不幸的人。」她意氣風發地這麼宣告。

看到這兩位女子的情形，讓我不禁感到，無論以前經歷過什麼，如何看待這段經歷、如何在日後運用它，完全看當事人自己的想法而定。

透過「控制記憶」，吸引幸福

我認為，內心滿足與否跟過去的經歷或記憶無關。

前面提到的兩名女子，一位成長於富裕家庭，最後從東京大學法律系畢業並且成為成功的律師，另一位自小被雙親遺棄，孤零零地長大，卻能夠一直為自己努力。以客觀的角度來看的話，過往經歷所造成的傷害應該是後者比較嚴重才對，但後者看起來反而比較幸福，不是嗎？

前些日子我遇到這名女子時，她笑盈盈地說道：「老師，我以前的人生充滿不幸，但將來一定會有好事發生，對吧？」

她與內心的不安奮戰，準備著不知道會不會考上的司法考試，這過程非常艱辛，但她仍堅信如果能夠克服逆境成長，一定會有好結果。

「因為以前過得太悲慘了，所以就算是小事也能令我感到幸福啊。」她說。雖然很辛苦，不過能夠用功念書是幸福的，吃到美味的東西也是。

結論就是，**如何定義眼前發生的事情，是由你自己決定**。你認為自己非常不幸，或是自認很幸福等等，都是看你怎麼想。

賦予事情正面意義並且努力向上的人，往往最終會得到幸福。因為看到某個人這麼認真努力時，旁人通常不會放任不管，也希望他能夠順利，因此會伸出援手，於是態度正面的人身邊發生的事情就真的越來越好。

就算過去有過悲慘的經驗，不氣餒地積極向前邁進，就會吸引貴人來到身邊，幫助自己創造幸福。

幸福不是身邊的人給予的，而是自己吸引過來的。

人是記憶累積而成

過去有很長一段時間，我都認為「思考」與「記憶」就如同車子的兩個輪子，是互相對峙的。兩者同等重要也相輔相成，人類就是因而發展至此。

但現在我不這麼認為。

多年來我讀了不少談記憶的文獻，多方思考，逐漸認為其實記憶是人生存的基礎，思考或想法則是從記憶衍生而來。

就如同生命的泉源一樣，人類知性生存的根本來自於記憶。

因此，**人若想要過得知性、感情豐富，記憶是極為重要的因素。**而且，提高記憶力才能讓人活得更有自己的風格。

進一步來說，透過控制記憶，在必要時想出所需的記憶，這樣就能面對未來，擁抱正面的願望活下去。總之可以說，透過運用記憶，甚至能夠改變一個人的生活方式。

最後，記憶就累積成各人的風格。每個人的行事風格、舉止等等，都不過是他過往記憶的重現而已。什麼時候、什麼情況、做出什麼表情等等，都是呈現出他過去的記憶。在什麼樣的狀況要說什麼話，也都是從這個人的記憶庫中選出素材並重現的結果。

人會從記憶庫挖掘參考資訊，然後根據這些資訊應對眼前遇到的狀況。當你說出「這個人好冷淡」或「真是親切的人」時，其實也只是提取以往對那人的記憶，告訴周遭的人罷了。

也就是說，一個人累積了什麼樣的記憶，會直接影響他日後的行事風格。「人品」與這人記憶了什麼，以及能否取出適當的記憶等輸出有關。

仔細想想，我們的言行舉止都是所有記憶累積而來。從記憶中選出何種模式，都會表現為個人的人品、性格與個性。

因此記憶技巧不單單指記憶大量的內容，尤指理解記憶機制或最根本的意義。透過這樣的方式而學習到讓自己幸福的控制方法。

每天抱持著這樣的認知，並且為了積極塑造未來而提高記憶力的人，與漫不經心卻想大量記憶事物的人，兩者的生活方式自然會有所不同。

可以說，人就是記憶的累積。

記憶了什麼事情？怎麼把所記之事回想起來？

就是這些決定了各人的人生。

我怎麼扭轉自己的負面性格？

坦白說，從前我是個想法極為負面的人，或者說個性極為悲觀。那麼我是怎麼改變，成為如今這樣的呢？我想從「記憶」談起。

我的父親是中學教師。在書香家庭中長大，得承受著必須成為「好孩子」的無形壓力。老師的孩子被問到想成為「好孩子」還是「壞小孩」時，只能夠回答「好孩子」。

我既曾是模範生，也當過不良少年。小學四年級之前，我是眾人都沒轍的壞小孩。我曾在上學之前拿著鋸子出去，鋸倒附近鄰居的圍籬與樹木，事後母親只得臉色鐵青地挨家挨戶向鄰居道歉。

上小學之後我變本加厲，常常激烈地反抗老師。我三年級的導師是個年輕的女老師，我經常惡整她，甚至把她給惹哭了，印象中這名老師只教了一年就離開了學校。

升上四年級之後，換了一位男導師。他動不動就甩我耳光，令我過得非常不開心，那時我會推倒書桌、椅子反抗他。以現在的話來說，這或許就是校園暴力。老師曾被我惹得大為光火，將我趕出教室：「你滾出我的教室！」我還暗自竊喜，帶著一堆手下在校園裡玩。

那天恰好下著雪，於是我要大家搓雪球，並且把石頭包在雪球裡，然後往教室裡扔。我們砸破了教室的窗戶，教室裡一陣騷動。

總之，我那時總想反抗「當好孩子」的壓力，所以想盡辦法胡鬧。不過現在想想，當時我努力扮演著不符自身本質的壞孩子，那完全是抵抗不了壓力所造成的反撲。

到了小學五年級，情況有了轉變。那時我的音樂老師問我：「你要不要來吹小喇叭？」結果我一吹就迷上了，從此之後逐漸變得積極，陸續擔任過學生會會長、參加騎自行車比賽得獎等等。我的行為與以前迴然不同，從壞學生變成好學生。

但是當「好孩子」是很累人的事，我經常感到焦躁不安，久了偶爾還是會大暴走。就這樣度過不安定的青春期。

小學畢業後，由於父親工作的關係，我們舉家搬到當時的西德居住。不過中學二年級時，我離開家人獨自回到日本，進入公立國中就讀。當時的導師教我如何以「日本男子漢」的姿態生活。這名老師學習武士道，背部直挺挺的，既威風又帥氣。

這正是日本男兒的榜樣。我非常憧憬成為他那樣子，因此就讀高中時便加入弓道社，專心追尋日本人的精神。

總之，我從「扮演好孩子」逐漸轉變為「演出理想的自己」。只是，這並不是什麼大不了的事。若是仔細探討，我只不過是經常在意別人對我的看法，隨著別人對我的評價配合演出而已。

進入東京大學後也是一樣。我最在意的仍是別人怎麼看我。就算是以司法考試為目標，內心的某個角落也會想著若通過司法考試，那真是太帥了。

我以前就是這樣俗不可耐，總是在意別人對我的看法，扮演外人認為我應該有的模樣。

如何將負面記憶轉化為正面記憶

以前我就是那樣，總是非常在意旁人如何看待自己。成為司法考試的講師之後也非常在意學生的評語。

若有學生稱讚我上課簡單易懂，那倒還好，倘若有人說我自大、得意忘形，我的情緒就會非常低落。而我又很討厭自己那麼容易受到別人的評價影響，往往因此更加沮喪。

想到討厭的事情就會令我心情煩悶。該怎麼做才能夠脫離這些負面記憶呢？我想我可能是這時才開始一點一滴思考關於記憶的種種。絞盡腦汁後我發現，原來自己一直被以前的記憶給絆住。

那時我的想法是：「如果我能忘記負面的記憶，那就太好了。」然而有些事情是無論如何都無法忘記的。當然，如果能忘記最好，但是腦中勉強地想著「忘記吧、忘記吧」，反而會使腦袋更加紛亂。

若是這樣，就把無法忘記的負面記憶改變為正面記憶好了！

也就是說，把以往不愉快的記憶想成對現在的自己有益的事——只要轉變事件的意義就行了。

比方說，「是因為那時自己的行為那麼荒唐，現在才能有這樣的成就」，或是「當時因為那件工作失敗，現在我才能做這些事情」，就像這樣，轉換價值或是建立具有意義的邏輯等，藉此將討厭的記憶轉為正面的記憶。

有意識地賦予事件正面的意義，不就可以消除負面記憶了嗎？

我是二十五歲之後才開始認真思考這件事。當時我極為在意旁人對我的看法，而且沒事就嘮叨，後來便覺得索性改一改自己的性格。

只是，將負面思想轉化為正面思想需要時間。

二十五歲到三十五歲時，我一頭栽進宗教與成功哲學領域的書籍，一邊認識形形色色的人，一邊學習，同時努力地將過去的負面想法轉為正面思想。

即便遇到了討厭的事，我也開始學習一點一滴找到其中的正面意義。我真的很想改變那個被「好孩子」標籤糾纏、過度在意旁人評價的性格，也相當希望能揚棄糾纏著我的負面記憶。

我想改變自己，想改變令我討厭自己的負面記憶。就是這個契機，使我日後培養出正面思考的習慣。

每個人都需要別人

我回頭檢視被過往負面記憶拖住腳步的自己時發現，每件事都是自找的。當事情運作得不如預期順利或是誰沒做好時，我都認定那是我努力得不夠所導致的，也認為自己應該負起所有責任。

但事實真是如此嗎？

日本人常提及「監督責任」四個字。然而，去擔起別人的失敗，不就表示你沒有將失敗的那個人視為能肩負責任的大人嗎？

我發現，說到底我們是出於傲慢才不認同他人所做的決定、不讓他們對自己負責。既然每個人都是獨立生存的個體，那麼沒有妥善處理與自己相關的事，自己就應該負起責任，不是嗎？

當某件事失敗，將原因全都歸咎到自己身上，反過來說就意味著只要自己確實做好，一切就會順利進行。我覺得這麼想就是傲慢。

所有人都不可能只靠自己的能力或力量存活。每個人都需要借助旁人的力量才能生存下去。

因此，倘若只靠自己一個人的力量，終有無計可施的時候。這類事情多不勝數。**將自己處理不來的狀況統統歸咎於自己、認為都是自己不好，就等於認為自己是萬能的。**

當然，出於自身的立場，我會對員工或客戶承諾負起一切責任。實際上我內心並非真的如此認為。

倘若有這種想法，那就是傲慢。

我曾在書上讀過這樣的話：「所有原因都出在自己身上。如果把自己調整好，事情就會順利進行。」年輕時我一直這麼相信，但事情並沒有因而變得順利。

「奇怪？為什麼會失敗呢？問題都出在我身上吧。那我重新檢視不成功的原因，調整自己吧。」我這麼想也這麼做了，依然失敗。幾次下來我逐漸看清楚一件事：「真的是我自己的能力太差嗎？」

有一次，我看到公司的董事長因偽造大樓耐震係數而跟人道歉，突然發現這點。他彎腰道歉就能解決問題了嗎？沒有。既然如此，那麼責任是什麼？原因又是什麼呢？

我再次強調，我們是得到旁人的幫助才得以在這環境生存的，有時還是因為別人的緣故而撿回一命。因此如果你自認能夠操控一切，那就太傲慢了。當我一認清這點，馬上感覺輕鬆起來。

當然，現在的自己都是過去的延伸，因此自己也要負部分責任。雖然如此，但這只是真實的一部分，並非全部。

現在的我是這麼想的。我自己成功並非真的成功，應該要思考能夠做什麼來幫助他人成功。

還有，有時並不是誰的錯，但事情就是失敗了。以這樣的角度改變自己將一切責任攬在身上的傲慢態度，適應新環境的謙虛能力自然會出現。

我們必須具備「遺忘的能力」

有些負面記憶曾令我深深苦惱，想忘卻忘不掉。但現在我回想，卻怎麼也想不起來到底是什麼記憶。當時明明令我痛苦得不得了，而今卻忘得一乾二淨。

為什麼會這樣？

仔細想想，那是因為我決心改變為正面思考後，大部分的記憶就轉變為正面記憶，而無法改變的負面記憶就被我消除了。

這麼說雖然很抽象，但我確實已將無法轉換成正面記憶的過往回憶清除得一乾二淨。**我清除掉的就是那些無法從中學到任何事情的記憶。**

例如別人毫無根據的批評或充滿惡意的言行等，那些記憶除了讓我們學到謙卑，別無用處。

以前若有人待我不好或惡意中傷我，我會非常在意。但後來我認為被那類事情影響實在不值得，只是浪費時間，自此便對那些事情有了免疫力。

無論我做什麼事，總會有支持我的人，也會有不喜歡我的人。上課時說話簡短快速，就有學生會說：「那傢伙講太快，完全不知道他在說些什麼。」但倘若我放慢速度說話，也會有學生說：「聽了真想睡覺。」

一開始，我總是想方設法讓所有的人喜歡我。但每個人畢竟各有所好，無論我怎麼做，總是有人持相反的意見。後來我終於發現，根本不可能有人會受到眾人喜愛。

所以就算我在意一味責難我的人，也無法從他的指責中學到什麼。現在我會想：「沒必要非得要別人對我有正面評價。」然後便將批評拋諸腦後。

最近，我努力地遺忘討厭的事物，特別是將不適合我的事情全拋諸腦後。這麼做的話就能夠過得非常幸福。

有人總是緊緊地抓住過去負面的回憶或令人生氣的記憶，並且心生怨恨。看到這樣的人，我總覺得他的人生真是可惜。

對於人生而言，遺忘也很重要，切莫忽視「遺忘的能力」有多要緊。

按下遺忘的「刪除」鍵

我經常將厭惡的事情寫在紙上，再把紙揉成一團丟進垃圾桶。我是透過這個儀式讓內心認定：「我已經忘記這件事情了！」

那就像是在營造氣勢。每當我想要開始念書或是專注於某件事情，就會抱持轉換心情的心態換穿西服，或是出聲為自己打氣等。把討厭的事情寫下來丟進垃圾桶也是同樣的用意。

我稱這類行為為「按下遺忘的『刪除』鍵」。

雖然我曾出於某些原因而特意壓抑負面記憶，但無論如何我就像嘮叨一樣不斷地提醒自己：「難免會想起不愉快的事情。」

使用電腦時我們偶爾會遇到檔案壞掉，整理好的資料瞬間付諸流水的情形。這類狀況雖然令人十分沮喪，不過重新整理那些資料往往會做得比原來的好。

這時你就會想，資料完全被刪除好像也不壞，有時反而得到更好的結果。在此同時，瞬間消失的畫面便能夠自然而然地重新浮現在腦中。

對自己而言沒有價值的討厭記憶，只要像拔掉電源線那樣刪除就好了，或是按下「刪除」鍵，讓資料從畫面上消失就行了。

這聽起來或許非常不合理，但確實有用。

令人不快的記憶雖然最初怎麼也無法忘記，但如果不斷想像刪除電腦資料的畫面，自然會一點一滴將它們抹去。

如果你的腦海中存在著對自己而言沒有益處的負面記憶，想像電腦的「刪除」，將記憶抹滅就可以了。

還有，你也可以建立一套類似遺忘負面記憶的儀式來幫助自己遺忘。後來身邊的人說我變穩重了，可能都是因為我做了這些功課的緣故吧。

這就是放開痛苦、討厭的記憶，讓我比以前更積極活下去的智慧。

《蘇格拉底的申辯》教會我們什麼人生大事？

我有兩本《蘇格拉底的申辯》。這是柏拉圖記錄他的老師蘇格拉底被宣判死刑時為自己辯護的內容。其中一本我畫了許多線，整本書也被我翻爛了，另一本書則是完整地保存著。這本書令我深受感動，也是我人生中非常重要的一本書。

我是在大四時注意到這本書的。那時候我沒有通過司法考試，某日我拿起房間裡的《蘇格拉底的申辯》隨意翻閱，結果最後兩行字就那麼不偏不倚地射入我心底。

「我將會死亡，而你們會繼續活著。哪一條路更好，只有神才知道。」

蘇格拉底在人生的盡頭喝了毒酒。臨死之際，他對支持他的人們說：「死亡不是什麼恐怖的東西。死亡是一種幸福。」

為什麼蘇格拉底會這麼說？他是這麼解釋的：

如果你想像死亡，應該只有兩種而已。一種是沒有感覺、沒有想法，什麼都沒有，連作夢也沒有的永久沉睡。另一種死亡則是有個死後的世界，所有死掉的人都會前往那裡。

蘇格拉底說，不管哪一種死亡都很幸福。假使死後一切都消失，什麼都感覺不到，就再也感受不到這世上的種種痛苦，所以死亡是恩賜。

另外一方面，如果確實有死後的世界，那麼死後就能見到以前死去的偉大古人，例如奧菲斯[4]、希羅多德[5]、荷馬[6]等人，這可是無上的幸運啊。既然死亡的結果都很不錯，那就可以說死亡是幸福的。

接下來，當他只剩一口氣時便說了我前面寫的那兩句話。

我讀這篇文章時全身起了雞皮疙瘩。蘇格拉底說：「生存或死亡，沒有人知道何者比較幸福。」意思就是，現在就這麼死去的我與苟延殘喘到最後的你們，誰比較幸福還很難講呢。

當時我覺得這論點真是太棒了，因為它也可以套用在司法考試上，也就是：

通過考試與沒通過考試，沒有人知道何者比較幸福。

就算通過考試，當中也有不少人之後過得並不幸福。

同樣地，落榜的人不見得人生從此就會變得不順遂。就算沒通過司法考試，還是有許多人找到其他出路而且過得好好的。

人生中所發生的每件事情，何者幸運、何者不幸，在發生的當下我們是不會知道的。因此在事情發生當時鑽牛角尖地追究，實在太愚蠢了。發生的事是好事還是壞事只有老天爺才知道，不斷地深究只是徒勞。

沉且，自己將過去發生的事定義為「壞事」，被過去的記憶拖累而錯過未來的幸福，也太荒唐了。

現在的自己頂多只要評論發生的事是「失敗」，或是「當初要是沒做這件事就好了」。真正失敗與否尚不得而知。

這不正是「知之為知之，不知為不知，是知也」？連蘇格拉底都不知道，我們更不可能曉得。把一件事定義為「就敗在那兒」，或是被過往不快的記憶纏住，以此來決定自己的未來，這也很傲慢。

一定要更謙虛地生活。這是蘇格拉底教導我們的智慧。

注4：希臘神話的音樂之神。

注5：古希臘歷史學家。

注6：古希臘盲詩人。

為了生存，我們需要「變化」與「遺忘」

不是凡事都記得清清楚楚就是好的。對自己沒有意義的回憶要一件件消除，或是將它們轉化為其他意義，如此才能向前邁進。

事實上，「消除某些記憶以得出資訊」是維持生命不可或缺的事。

日本生物學家福岡伸一曾經在雜誌上發表文章提出這項論點。

生物是靠著神經細胞之間資訊傳達物質的往來而維持生命的。不過資訊「出現後馬上消失」相當重要。

舉例來說，血壓上升或下降等訊息若不在幾秒內消失，血壓就會不斷上升或不斷下降，從而危及生命。

為什麼資訊立即消失很重要？那是因為對於生命而言，變化本身就是資訊，變化幅度正是引起下一個反應的線索。

原有的資訊消失，對於該變化做出反應，然後引發下一個變化。就像這樣，為了維持生命，必要的反應便不斷地持續下去。

另一方面，人類以人工製造的資訊卻永遠不會消失。網路或網頁上的訊息成為無法忍受的尖刺卻還一直殘留著。這是因為我們製造出來的資訊是沒有生命的緣故。福岡教授提出以上的論點。

因此，「遺忘力」可以說是「生命力」。刪除資訊或遺忘記憶都是生命，也是生存的證據。對於這樣的說法，我大感贊同。

變化就是遺忘。

這正是生存時不可或缺的大事。

若是建立「美好的記憶」，自然能打造「美好的未來」

「遺忘的能力」也是很重要的記憶技巧，這話或許聽來似是而非。但「技巧」本來就是為了目的而存在。為什麼要使用某項技巧？不就是為了過得更加幸福嗎？

因此，我認為我們沒有必要一直記得所有資訊，倒不如透過刪除資訊以獲得新記憶還比較好呢。一旦忘記負面記憶，你就會產生挑戰新事物的勇氣，這樣的變化正是生存的證明。

如果抱持這樣的想法，那麼就算你以往不太認同自己，今後也可能會因為記憶、累積的內容而改變。這樣說應該不難理解。

倘若想要改變自己成為內心嚮往的模樣，只要改變塑造自己個性的那部分記憶就可以了。**換言之，累積許多正面記憶就能夠成為正面的人。**

加強記憶力所能應用的場合非常多，例如背圓周率或是多如牛毛的英文單字等。不過比起這些，更為重要的是，增加「正面記憶」有助於我們日後過得更加幸福。

或許聽起來很極端，但我自己是這麼相信的。

也許你有過以下這種經驗：

明明腦中對某回出遊沒有印象，但是看著家人一起去玩的相片，漸漸就創造出快樂夏天的回憶與記憶。所以，只要留下開心的相片就好了，這麼一來就算過去曾經有悲傷的記憶，也會逐漸被覆蓋過去。

以這樣的方式自己控制記憶，抱持著這種熱情生存下去是很重要的。

這就是創造正面的經驗，然後自己再賦予經歷正面的意義。

就算每天都過著一成不變的平凡日子，也要從中選擇、感覺自己意識到的事情，創造新的記憶並且去累積。

對於自己感受到、見到的事物賦予積極意義，那麼你的腦中就只會留下正面的記憶。

記憶可以改變。未來要成為什麼樣子也可以改變。

結語

說到「記憶技巧」，我的腦海中經常浮現母親的身影。

只要與工作或憲法相關，無論多小的事我幾乎都記得住，但其他事情幾乎都會忘得精光。

說起來汗顏，連親密家人的生日或紀念日等，我也是聽過就忘。倘若沒有祕書幫我管理每天的行程，我就不知道該怎麼辦。

反觀我的母親，卻都記得我小時候每一件小事的細節，記憶力好得驚人。

更令人驚訝的是，母親非常擅長記憶數字，連我都覺得她堪稱天才。

舉例來說，生日、電話號碼、地址等數字她絕對不會忘記。我母親今年已經高齡八十幾，但她至今還記得我小學時代朋友們的生日或電話號碼。我不曾見過她一邊翻著電話簿、一邊打電話。所有數字她都記在腦子裡。

有好長一段時間我都以為這是因為母親曾經在銀行工作的關係。母親從女子學校畢業後馬上就進入銀行工作，結婚後也持續兼差。我一直認為，就是因為這個緣故她才比較擅長記憶數字。

前一陣子我與母親見面，向她問起這件事，才知道其實她對數字的記憶力不是進銀行工作之後才培養的，好像從小就對數字特別敏銳。確實也有人像我母親一樣擁有天賦的才能。

我的母親這麼厲害，那我的記憶力如何呢？很遺憾，我不記得自己的記憶力有多好，就算是學生時代，也極為普通。

如同本書不斷強調的，我認為記憶就是留下強烈印象。對於對象感興趣就記得住，對自己而言的重要事情也記得住。

對於我的母親而言，重要的事就是數字，以及關於我的任何事。

連我自己都完全不記得、兒時微不足道的回憶，母親都能一一道出，這即是母親關愛我的表現。

我到現在這歲數才發現母親對我付出如此深刻的愛。對於母親的慈愛，我內心充滿了無法言喻的感謝。

對於自己而言不重要的事忘了也沒關係，因為反過來說，記在腦海中的就是你認為重要的事。

留在腦海中的記憶，無論是什麼都是重要的。

帶著這些重要的回憶迎向日後的人生吧！

Ideaman 159

記憶的技術

日本司法補習界王牌講師，親自傳授獨門記憶法，你也可以練出過目不忘的絕佳記憶力！

原著書名——記憶する技術
原出版社——サンマーク出版
作者——伊藤真
譯者——陳美瑛
企劃選書——何宜珍、魏秀容
責任編輯——曾曉玲、劉枚瑛
版權——吳亭儀、江欣瑜、林易萱
行銷業務——周佑潔、賴玉嵐、賴正祐

總編輯——何宜珍
總經理——彭之琬
事業群總經理——黃淑貞
發行人——何飛鵬
法律顧問——元禾法律事務所　王子文律師
出版——商周出版
台北市104中山區民生東路二段141號9樓
電話：(02) 2500-7008　傳真：(02) 2500-7759
E-mail：bwp.service@cite.com.tw
Blog：http://bwp25007008.pixnet.net./blog
發行——英屬蓋曼群島商家庭傳媒股份有限公司城邦分公司
台北市104中山區民生東路二段141號2樓
書虫客服專線：(02) 2500-7718、(02) 2500-7719
服務時間：週一至週五上午09:30-12:00；下午13:30-17:00
24小時傳真專線：(02) 2500-1990、(02) 2500-1991
劃撥帳號：19863813　戶名：書虫股份有限公司
讀者服務信箱：service@readingclub.com.tw
城邦讀書花園：www.cite.com.tw
香港發行所——城邦（香港）出版集團有限公司
香港灣仔駱克道193號超商業中心1樓
電話：(852) 2508-6231　傳真：(852) 2578-9337
E-mail：hkcite@biznetvigator.com
馬新發行所——城邦（馬新）出版集團【Cité (M) Sdn. Bhd】
41, Jalan Radin Anum, Bandar Baru Sri Petaling,
57000 Kuala Lumpur, Malaysia.
電話：(603) 9056-3833　傳真：(603) 9057-6622
E-mail：services@cite.my

美術設計——COPY
內頁編排——簡至成
印刷——卡樂彩色製版印刷有限公司
經銷商——聯合發行股份有限公司 電話：(02) 2917-8022　傳真：(02) 2911-0053

2014年2月初版
2023年9月5日二版
定價350元　Printed in Taiwan　
ISBN 978-626-318-787-0
ISBN 978-626-318-797-9 (EPUB)

國家圖書館出版品預行編目（CIP）資料

記憶的技術：日本司法補習界王牌講師,親自傳授獨門記憶法,你也可以練出過目不忘的絕佳記憶力!/伊藤真著；陳美瑛譯. -- 2版. -- 臺北市：商周出版：英屬蓋曼群島商家庭傳媒股份有限公司城邦分公司發行, 民112.09
208面；14.8×21公分. -- (Ideaman；159)　譯自：記憶する技術　ISBN 978-626-318-787-0(平裝)
1.CST: 記憶 2.CST: 學習方法　176.33　112011285

商周出版

廣 告 回 函
北區郵政管理登記證
台北廣字第000791號
郵資已付，免貼郵票

104台北市民生東路二段 141 號 B1
英屬蓋曼群島商家庭傳媒股份有限公司
城邦分公司

請沿虛線對摺，謝謝！

商周出版

書號: BI7159	書名: 記憶的技術	編碼:

請於此處用膠水黏貼

商周出版

讀者回函卡

線上版讀者回函卡

感謝您購買我們出版的書籍！請費心填寫此回函卡，我們將不定期寄上城邦集團最新的出版訊息。

姓名：＿＿＿＿＿＿＿＿＿＿＿＿＿＿＿＿ 性別：☐男 ☐女

生日：西元＿＿＿＿＿＿年＿＿＿＿＿＿月＿＿＿＿＿＿日

地址：＿＿＿＿＿＿＿＿＿＿＿＿＿＿＿＿＿＿＿＿

聯絡電話：＿＿＿＿＿＿＿＿＿＿ 傳真：＿＿＿＿＿＿＿＿＿＿

E-mail：

學歷：☐ 1. 小學 ☐ 2. 國中 ☐ 3. 高中 ☐ 4. 大學 ☐ 5. 研究所以上

職業：☐ 1. 學生 ☐ 2. 軍公教 ☐ 3. 服務 ☐ 4. 金融 ☐ 5. 製造 ☐ 6. 資訊
☐ 7. 傳播 ☐ 8. 自由業 ☐ 9. 農漁牧 ☐ 10. 家管 ☐ 11. 退休
☐ 12. 其他＿＿＿＿＿＿＿＿＿＿＿＿＿＿＿＿

您從何種方式得知本書消息？

☐ 1. 書店 ☐ 2. 網路 ☐ 3. 報紙 ☐ 4. 雜誌 ☐ 5. 廣播 ☐ 6. 電視
☐ 7. 親友推薦 ☐ 8. 其他＿＿＿＿＿＿＿＿＿＿＿＿

您通常以何種方式購書？

☐ 1. 書店 ☐ 2. 網路 ☐ 3. 傳真訂購 ☐ 4. 郵局劃撥 ☐ 5. 其他＿＿＿＿

您喜歡閱讀那些類別的書籍？

☐ 1. 財經商業 ☐ 2. 自然科學 ☐ 3. 歷史 ☐ 4. 法律 ☐ 5. 文學
☐ 6. 休閒旅遊 ☐ 7. 小說 ☐ 8. 人物傳記 ☐ 9. 生活、勵志 ☐ 10. 其他

對我們的建議：＿＿＿＿＿＿＿＿＿＿＿＿＿＿＿＿＿＿＿＿

請於此處用膠水黏貼

Ideaman